U0908353

浙江智库
ZHEJIANG
THINK TANK

The 2019 Zhejiang Financial Development Report

浙江金融发展报告

——蓝皮书（2019）——

陈国平　丁敏哲　史晋川◎总主编
汪　炜　章　华◎主　编

本书编委会

编写单位 浙江省金融业发展促进会

浙江大学金融研究院

浙江省金融研究院

总 主 编 陈国平　丁敏哲　史晋川

副总主编 （按姓氏笔画为序）

田向阳　包祖明　张雁云　殷兴山　盛益军

主　　编 汪　炜　章　华

编委会委员 （按姓氏笔画为序）

丰秋惠　王义中　王永明　王响亮　杨柳勇

余津津　陈　桦　范俊浩　易小翔　周钰佳

郑钧元　赵梧吟　胡迪明　贺　聪　高永富

唐菁穗　常　青　梁剑锋　韩　薇　潘广恩

魏　佳

前　言

《浙江金融发展报告——蓝皮书(2019)》是按照浙江省委、省政府编写全面反映浙江金融发展情况的报告要求，由浙江省金融业发展促进会、浙江大学金融研究院和浙江省金融研究院落实编制的地方金融重要文献资料。2019年的浙江省金融发展报告得到了浙江省地方金融监督管理局、中国人民银行杭州中心支行、中国银保监会浙江监管局、中国证监会浙江监管局、浙江省股权投资行业协会等相关部门的大力支持和帮助，凝聚了所有参编单位的心血。

本报告共分三篇。第一篇为金融经济运行综合报告，由两个总报告组成，分别是《2018年度浙江省金融运行报告》和《2018年度浙江省地方金融业改革与发展报告》，反映我省金融业在2018年的整体发展水平和地方金融改革进展。第二篇为金融行业类别报告，以银行业、证券业、保险业、小额贷款行业、股权投资行业五个行业领域的分报告为主体，较为全面地反映了2018年我省金融业子行业的发展情况。第三篇为金融热点问题研究，以反映我省地方金融发展特色亮点为宗旨，采用点面结合的分析视角，总结回顾台州小微金融改革、丽水农村金融改革、衢州和湖州绿色金融改革等试验区的工作进展及成果，并对股权投资基金、不良贷款风险及合理区间、非金融企业绿色债券等在我省备受关注的金融热点给予了特别的关注。另外，附录收录了2018年度我省出台的促进金融业发展的相关政策和2018年度我省主要的经济金融指标。

浙江省金融业发展促进会

浙江大学金融研究院

浙江省金融研究院

目　录

金融经济运行综合报告

金融行业类别报告

金融热点问题研究

金融经济运行综合报告

第一章　2018年度浙江省金融运行报告

2018年，浙江省以“八八战略”[①]为总纲，坚持稳中求进工作总基调，聚焦聚力高质量、竞争力、现代化，统筹推进稳增长、促改革、调结构、惠民生、防风险各项工作，经济运行总体平稳。全年实现地区生产总值56197亿元，比上年增长7.1%，人均生产总值98643元，居民消费价格同比上涨2.3%。浙江省金融业紧紧围绕服务实体经济和供给侧结构性改革各项部署，为全省经济社会发展营造适宜的货币金融环境。年末全省金融机构本外币各项贷款余额同比增长17.2%，民营和小微企业金融服务不断改善，不良贷款保持“双降”态势，企业上市持续推进。

展望未来，浙江省经济已从高速增长阶段转向高质量发展阶段，经济运行机遇与挑战并存。一方面，浙江省经济效益继续提升，新动能不断发展壮大，传统产业改造步伐加快，创业创新力度加强，数字经济“一号工程”[②]引领转型，新旧动能接续转换和市场主体转型升级均走在全国前列。另一方面，经济持续向好的基础还不牢固，投资需求仍显不足，新动能尚难发挥主引擎作用，传统产业转型难度较大，部分企业经营仍较困难，金融风险防控任务依然艰巨。预计2019年浙江省经济将保持平稳增长，结构继续改善，新动能加快成长，企业效益改善，金融支持实体经济力度进一步加大，经济金融发展的协调性、匹配度进一步提升。

2019年是新中国成立70周年，是高水平全面建成小康社会的关键之

① “八八战略”是2003年时任浙江省委书记习近平同志提出的浙江发展的八个优势和面向未来发展的八项举措。

② 数字经济“一号工程”是浙江省委、省政府推动高质量发展、提高竞争力、迈向现代化、实现“两个高水平”的重大战略决策。

年。中国人民银行杭州中心支行以习近平新时代中国特色社会主义思想为指导,坚持稳中求进工作总基调,紧紧围绕服务实体经济、防控金融风险、深化金融改革三项任务,按照人民银行总行工作部署,进一步完善金融宏观调控,落实好稳健的货币政策,把握好宏观调控的度,坚持总量稳定、结构优化的政策取向,综合运用再贴现和再贷款等各类政策工具,引导金融机构合理把握信贷总量与节奏,用好增量,盘活存量,着力加强对民营和小微企业等经济薄弱环节和重点领域的金融支持,进一步提高金融服务实体经济的能力和效率,为浙江省经济高质量发展和供给侧结构性改革营造良好的货币金融环境。

一、金融运行情况

2018年,浙江省金融业认真贯彻落实货币政策和宏观审慎政策双支柱调控,围绕供给侧结构性改革和经济转型升级,切实加大金融服务实体经济力度,全省社会融资总量平稳增长,信贷结构不断优化,证券和保险业稳健发展,金融风险防范化解工作成效明显,金融改革持续深化。

(一)银行业稳健运行,信贷总量平稳较快增长

2018年,浙江省银行业金融机构积极提升服务实体经济能力,信贷总量平稳较快增长,信贷投向不断优化,资产质量明显改善,金融改革持续深化,基本情况如表1–1所示。

表1–1　2018年浙江省银行业金融机构基本情况

机构类别	营业网点			法人机构/个
	机构个数/个	从业人数/个	资产总额/亿元	
一、大型商业银行	3788	91694	50824	0
二、国家开发银行和政策性银行	61	1947	8665	0
三、股份制商业银行	1140	34095	25543	0
四、城市商业银行	1781	48633	31728	13

续表

机构类别	营业网点			法人机构/个
	机构个数/个	从业人数/个	资产总额/亿元	
五、城市信用社	—	—	—	—
六、小型农村金融机构	4235	51190	25257	82
七、财务公司	10	413	1464	9
八、信托公司	5	1357	338	5
九、邮政储蓄	1735	9135	4163	0
十、外资银行	29	785	548	0
十一、新型农村机构	358	6092	970	81
十二、其他	84	2261	2944	8
合计	13226	247602	152444	198

注：营业网点不包括国家开发银行和政策性银行、大型商业银行、股份制商业银行等金融机构总部；大型商业银行包括中国工商银行、中国农业银行、中国银行、中国建设银行和交通银行；小型农村金融机构包括农村商业银行、农村合作银行和农村信用社；新型农村机构包括村镇银行、贷款公司和农村资金互助社；“其他”包含金融租赁公司、汽车金融公司、货币经纪公司、消费金融公司等。

数据来源：中国银保监会浙江监管局。

一是资产负债平稳增长，盈利能力增强。2018年末，浙江省银行业金融机构本外币资产和负债总额同比分别增长8.1%和7.6%，增幅同比分别提高2.1个和2.2个百分点；全年实现净利润1721.5亿元，同比增长50.1%。

二是存款同比多增，住户存款增长较快。2018年末，浙江省金融机构本外币存款余额116512.7亿元，同比增长8.6%，增速同比提高0.7个百分点；全年新增存款9192.2亿元，同比多增1402.0亿元（见图1-1、图1-2、图1-4）。分类型看，住户存款较年初新增5649.5亿元，同比多增3591.4亿元；企业存款新增2235.3亿元，同比少增476.3亿元；政府存款新增2425.9亿元，同比少增892.6亿元；非银行金融机构存款减少1147.3亿元，同比多减755.0亿元。

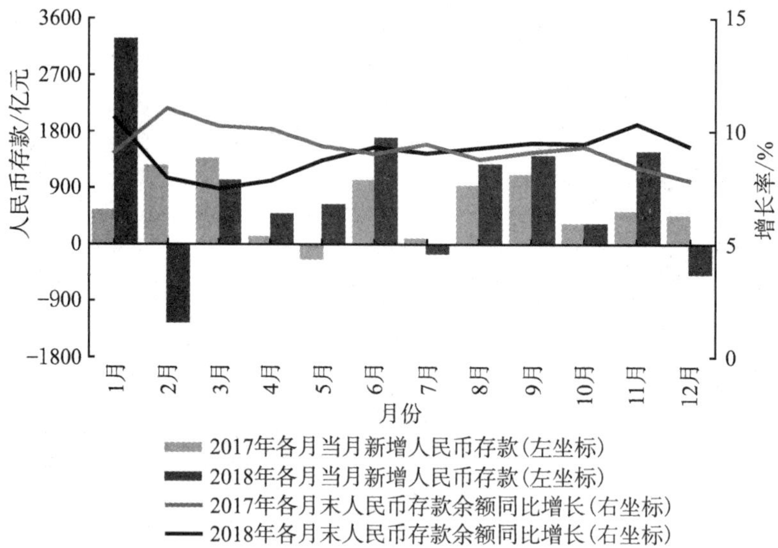

图 1-1　2017—2018 年浙江省金融机构人民币存款增长变化

数据来源:中国人民银行杭州中心支行。

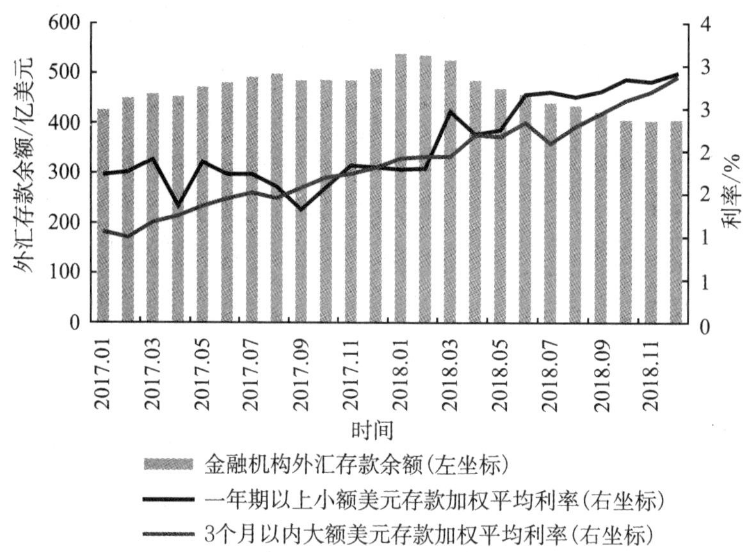

图 1-2　2017—2018 年浙江省金融机构外币存款余额及外币存款利率

数据来源:中国人民银行杭州中心支行。

三是贷款增长较快,投向不断优化。2018 年末,浙江省金融机构本外币贷款余额 105774.9 亿元,同比增长 17.2%;全年新增 15500.6 亿元,同比多增 7071.8 亿元(见图 1-3、图 1-4)。信贷投向持续优化,年末全省普惠口径小微企业贷款余额1.2万亿元,同比增长18.7%,新增贷款1914亿元,是上年同期的2.2倍;制造业贷款新增760亿元,同比多增1200亿元,增量为近5年同期最高;个人住房贷款年末余额增速同比回落5.2个百分点。

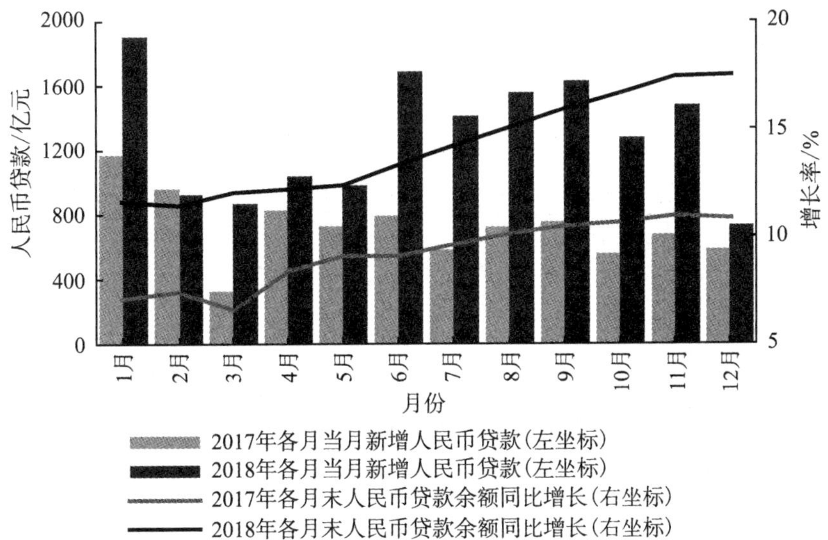

图1-3 2017—2018年浙江省金融机构人民币贷款增长变化

数据来源:中国人民银行杭州中心支行。

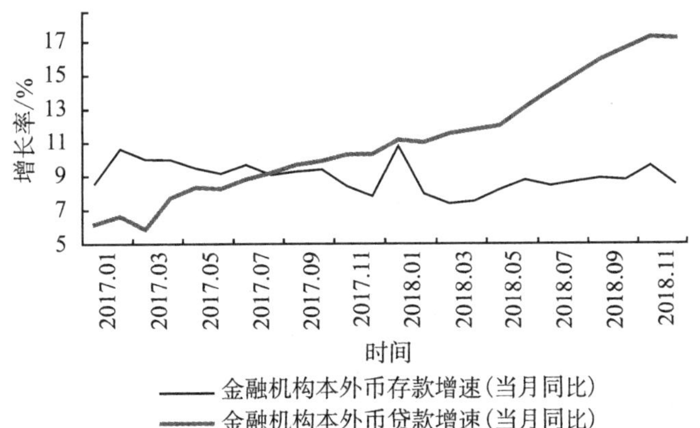

图1-4 2017—2018年浙江省金融机构本外币存、贷款增速变化

数据来源:中国人民银行杭州中心支行。

四是表外理财平稳增长。资管新规等监管政策出台后,银行理财等表外业务逐步规范,增长趋稳。2018年末,浙江省金融机构表外理财资产余额

8741.9亿元，同比增长7%。

五是贷款利率平稳，利率市场化改革稳步推进。2018年，全省一般贷款加权平均利率为6.24%，小微企业贷款利率6.02%，低于一般贷款利率0.22个百分点（见表1–2）。2018年，全省地方法人金融机构同业存单发行量为13237亿元，同比略有下降，发行大额存单2158亿元，为上年的2.1倍，地方中小法人机构主动负债和流动性管理能力不断提升。

表1–2 2018年浙江省金融机构人民币贷款各利率区间占比 单位：%

月份		1月	2月	3月	4月	5月	6月
合计		100.0	100.0	100.0	100.0	100.0	100.0
下浮		3.6	4.9	3.8	3.2	2.6	2.6
基准		9.4	10.4	8.2	7.4	7.6	7.9
上浮	小计	87.0	84.8	88.0	89.4	89.7	89.6
	(1.0,1.1]	18.9	17.6	14.5	13.4	11.4	11.8
	(1.1,1.3]	30.7	26.1	29.0	30.0	30.7	30.8
	(1.3,1.5]	16.8	17.2	19.5	21.1	21.3	20.7
	(1.5,2.0]	12.2	13.6	14.8	15.2	16.7	17.2
	2.0以上	8.4	10.3	10.2	9.7	9.6	9.0
月份		7月	8月	9月	10月	11月	12月
合计		100.0	100.0	100.0	100.0	100.0	100.0
下浮		2.7	4.2	4.6	4.4	7.9	7.4
基准		7.0	8.1	6.8	6.3	7.3	10.2
上浮	小计	90.3	87.7	88.6	89.4	84.8	82.5
	(1.0,1.1]	13.9	15.7	13.7	14.4	14.4	14.3
	(1.1,1.3]	30.0	29.2	31.8	29.8	28.3	26.7
	(1.3,1.5]	19.9	17.0	18.7	18.8	17.1	18.0
	(1.5,2.0]	16.5	15.5	13.8	15.5	15.3	14.5
	2.0以上	10.0	10.4	10.7	10.9	9.8	9.0

数据来源：中国人民银行杭州中心支行。

六是银行业资产质量持续好转。2018年，浙江省银行业不良贷款余额和不良贷款率继续保持“双降”态势。年末不良贷款余额1208.9亿元，比年初减少269.4亿元；年末不良贷款率为1.15%，比年初下降0.49个百分点。年末关注类贷款率为2.66%，比年初下降0.80个百分点。全年共处置不良贷款1561.9亿元，比上年同期减少288.7亿元。

七是金融改革持续深化。政策性银行和国有大型商业银行改革创新持续深化，如中国银行浙江省分行“银税互动，扶小助微”服务改革试点取得成效。农村金融机构改革稳步推进，全省81家农村信用合作社中有78家已改制为农村商业银行，村镇银行基本实现县域全覆盖。浙江网商银行、温州民商银行两家民营银行运行总体稳健。浙商资产管理公司多项改革实现重大突破，成功入选国有企业改革“双百行动”企业名单。

八是跨境人民币业务稳步回升。2018年，浙江省跨境人民币结算量6030亿元，同比增长26%。全年开展跨境人民币结算企业累计逾3.8万家，比上年增加近5000家，业务参与面不断扩大。浙江自贸区跨境人民币业务创新活跃，全年结算量为上年的19倍。全年电子商务跨境人民币结算量是上年的3.9倍。

专栏1：浙江省积极推动修复民营企业债券融资渠道

从2018年5月开始，受多方面因素影响，民营企业发债融资遇到较大困难，发行量明显下滑。2018年9月以来，中国人民银行杭州中心支行在总行的指导和地方政府的支持下，联合银行间市场交易商协会、浙江省地方金融监督管理局共同举办浙江省民营企业债务融资工具发行推介会，推动浙江省成为全国第一个参与债券融资支持工具的省份，在全国率先签订《浙江民营企业债券融资支持工具三方协议》，努力修复民企债券融资渠道，成效积极。一是民营企业债券融资支持工具发行进展全国领先。2018年，全省共三批、10家民营企业的13个债券融资支持工具项目成功落地，发债金额60.2亿元，相关信用风险缓释凭证成交17.7亿元，成交量和发行额均排名全国第一。二是民营企业发债成本有效降低。从已落地的债券融资支持工具项目看，发债利率比市场预期利率总体下降20个基点以上(第三批发行的企业发债利率基本低于市场预期利率50个基点以上)。10—12月,全省民营企业债务融资工具发行利率6.14%,比5—7月的发债利率下降了0.40个百分点。三是民营企业债券认购积极性明显提升。在债券融资支持工具的带动下,全省民营企业债券融资渠道得到初步修复,民营企业债券发行形势逐步企稳向好,债务融资工具恢复稳步增长态势。2018年第四季度,全省民营企业债务融资工具发行量同比增长13%,环比增长43%。全年全省民营企业发行债务融资工具853.4亿元,占全国民营企业债券融资支持工具发行量21%。

(二)证券业平稳发展,企业上市持续推进

2018年,浙江省多层次资本市场稳步发展,公司并购重组和企业上市稳步推进,证券经营机构业务规模有所下降。

一是多层次资本市场建设持续推进。2018年末,浙江股权交易中心挂牌企业6601家,比上年增加1290家;新三板挂牌企业932家,比上年减少100家。187家上市公司实施并购重组,与上年基本持平,并购金额1170.6亿元,比上年增加32.1亿元。

二是企业上市稳步推进。2018年末,浙江省共有境内上市公司432家,全年新增17家,上市公司数量位居全国第二,其中中小板上市公司142家,创业板上市公司82家,分别占全国同类上市公司家数的15.4%和11.1%。2018年,全省境内上市公司累计融资1.01万亿元,比上年增加1035亿元。

三是证券经营机构业务规模有所下降。2018年末,浙江省共有法人证券公司5家,证券公司分公司98家,证券营业部990家;基金公司3家;期货公司12家,期货公司分公司23家,期货营业部221家(见表1-3)。2018年,全省法人证券公司营业收入50.5亿元,同比下降46.4%。证券经营机构累计代理交易额30.4亿元,同比下降20.4%。期货经营机构累计代理交易额35.6万亿元,同比下降11.7%。

表1–3　2018年浙江省证券业基本情况

项　目	数　量
总部设在辖内的证券公司数/家	5
总部设在辖内的基金公司数/家	3
总部设在辖内的期货公司数/家	12
年末国内上市公司数/家	432
当年国内股票（A股）筹资额/亿元	384
当年发行H股筹资额/亿元	—
当年国内债券筹资额/亿元	1544
其中：短期融资券筹资额/亿元	–15
中期票据筹资额/亿元	711

注：当年国内股票（A股）筹资额指非金融企业境内股票融资。

数据来源：中国人民银行杭州中心支行、中国银保监会浙江监管局。

（三）保险业发展向好，民生保障功能有效发挥

2018年，浙江省保险业稳健发展，业务结构持续优化，对实体经济和社会民生的服务保障水平进一步提高。

一是市场主体不断壮大，市场体系持续完善。2018年，浙江省共有各类保险主体181家，包括总公司8家（2家财产险主体、2家寿险主体、1家保险资产管理公司和3家农村保险互助社），省级分公司173家。173家省级分公司中，有财产险公司68家，人身险公司69家。省级以上专业中介机构340家，保险销售从业人员50万人。保险公司资产合计5441.5亿元。

二是保费收入较快增长，业务更趋优化。2018年，浙江省保险业共实现保费收入2273.2亿元，同比增长5.9%，其中，财产险保费收入和人身险保费收入同比分别增长10.3%和3.3%。保险业赔付支出762亿元，较上年增加222亿元（见表1–4）。

表1-4 2018年浙江省保险业基本情况

项 目	数 量
总部设在辖内的保险公司数/家	8
其中:财产险经营主体/家	2
寿险经营主体/家	2
保险公司分支机构/家	173
其中:财产险公司分支机构/家	68
寿险公司分支机构/家	69
保费收入(中外资)/亿元	2273
其中:财产险保费收入(中外资)/亿元	881
人身险保费收入(中外资)/亿元	1392
各类赔款给付(中外资)/亿元	762
保险密度/(元·人$^{-1}$)	3962
保险深度/%	4

数据来源:中国银保监会浙江监管局、宁波银保监局。

三是保险保障能力增强,服务实体经济成效显著。2018年,全省小额贷款保证保险累计帮助近9357家(次)小微企业获得贷款约22.4亿元(不含宁波)。保单质押贷款年底余额约300亿元。关税保证保险助力中小民营企业进口货物通关,为进口企业释放关税保证金超过4.5亿元。出口信用保险支持了1.2万余家企业近700亿美元的出口值。全年共提供各类风险保障612.1万亿元,同比增长219.6%。

(四)社会融资规模稳步增长,金融市场稳健运行

一是社会融资规模稳步增长。2018年,浙江省社会融资规模新增19499亿元,同比多增4053亿元。从结构上看,本外币贷款新增15394.4亿元,同比多增6894.4亿元,占比上升15.1个百分点至78.9%;委托贷款、信托贷款和未贴现银行承兑汇票等表外融资减少191.2亿元,同比多减2475.4亿元;直接融资(含债券和股票)新增1927.7亿元,同比少增145.2亿元,其中企业债券

发行1544.1亿元,同比增长69.6%,股票融资新增383.6亿元,同比少增782.4亿元(见图1-5)。

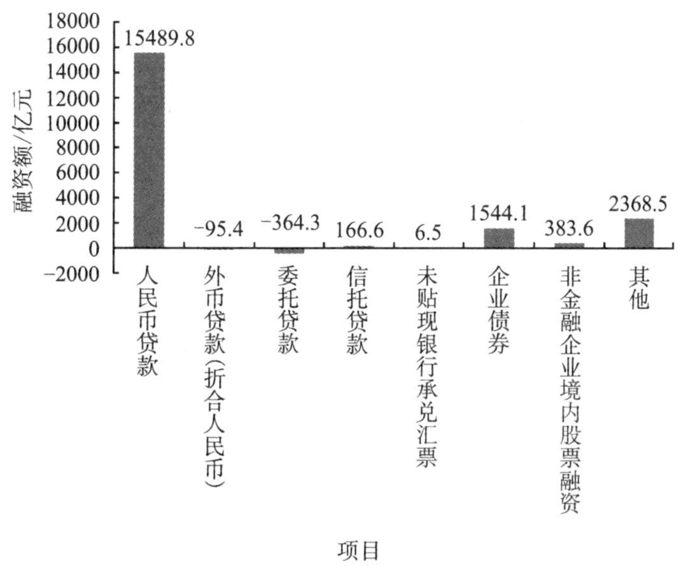

图1-5　2018年浙江省社会融资规模分布结构

数据来源:中国人民银行杭州中心支行。

二是积极推动民营企业进行债券融资。浙江率先签署民营企业债券融资支持工具三方合作协议。2018年,浙江省债券融资支持工具成交额以及工具支持的民企债券发行额分别为17.7亿元和60.2亿元,均位居全国第一;民营企业债券融资工具发行853亿元,发行规模居全国第一。

三是银行间市场交易保持活跃。省内金融机构在银行间市场现券交易量和债券回购交易额分别较上年增长59%和27%。全省银行间市场成员拆借交易量是上年的2.73倍。从市场利率看,现券交易加权平均到期收益率3.45%,同比提升0.93个百分点;债券回购加权平均利率2.55%,同比提升0.2个百分点。

四是票据市场需求旺盛,贴现利率同比下降。2018年末,全省金融机构承兑汇票余额8828亿元,同比增长31%;票据贴现余额3271亿元,同比增长56%。12月,全省银行承兑汇票直贴加权平均利率3.47%,同比下降1.64个百分点(见表1-5、表1-6)。

表 1-5 2018 年浙江省金融机构票据业务量统计 单位:亿元

季度	银行承兑汇票承兑		贴现			
			银行承兑汇票		商业承兑汇票	
	余额	累计发生额	余额	累计发生额	余额	累计发生额
1	7056.0	3596.9	1649.2	11396.2	232.3	1554.1
2	7981.1	7678.0	1645.5	20297.0	348.5	2929.2
3	7752.9	11442.5	2353.0	30359.3	310.5	4340.2
4	8828.1	15065.1	2892.5	38179.1	378.3	5222.1

备注:累计发生额指当年累计发生额。
数据来源:中国人民银行杭州中心支行。

表 1-6 2018 年浙江省金融机构票据贴现、转贴现利率 单位:%

季度	贴现		转贴现	
	银行承兑汇票	商业承兑汇票	票据买断	票据回购
1	4.93	5.87	4.73	3.82
2	5.02	5.86	4.64	3.40
3	4.02	5.30	3.91	3.09
4	3.71	5.45	4.16	2.88

数据来源:中国人民银行杭州中心支行。

五是外汇交易平稳发展,黄金交投活跃。2018 年,浙江省外汇交易市场成员外汇即期交易 3978 亿美元,同比下降 16%;外汇衍生产品交易 4582 亿美元。2018 年,全省金融机构黄金市场交投活跃,场内和场外总成交量 8006 吨,同比增长 58%。

(五)区域金融改革扎实推进,改革成效显著

浙江省积极推进区域金融改革创新试验区建设各项工作,温州金融综合改革、丽水农村金融改革、义乌国际贸易金融专项改革、台州小微金融改革不断深化;中国(浙江)自贸区金融创新亮点纷呈,在全国率先开展资本项目收入结汇支付便利化政策试点工作,率先落地自贸区内油品仓单质押融

资业务；湖州、衢州绿色金融改革初见成效，绿色信贷余额分别达到829.5亿元和596.6亿元，分别占两市全部贷款的21.5%和26.5%；“两高一剩”行业贷款比重持续降低。

（六）信用体系建设不断深化，金融基础设施不断完善

一是征信体系建设不断深化。2018年末，全省共有3870万名自然人和142万户企业及其他经济组织纳入了全国统一的征信系统，金融机构月均查询量662万笔。全省6家企业征信机构业务场景和服务范围不断拓展，征信服务小微企业和民营企业融资能力显著提升，多样化的征信市场发展格局逐步形成。

二是小微企业和农村信用体系建设工程初具成效。小微企业信用信息服务平台和农户信用信息管理系统在破解小微企业和农户信息不对称问题、缓解融资难题上发挥了积极作用。全省7家民营核心企业与应收账款融资服务平台对接，带动近千家小微企业参与供应链融资。信用户、信用村、信用乡（镇）创建活动持续推进，创新开展“信用县”创建活动，实现信用体系建设全覆盖，创建经验在全国范围内试点推广。

三是支付清算基础设施不断完善。2018年，浙江省人民银行支付清算系统共处理业务15.9亿笔，金额479.7万亿元，分别同比增长35%和19%。“移动支付便民示范工程”推广实施，电子支付、银行卡等在民生领域的应用进一步拓宽。截至2018年底，全省已实现公交、地铁领域的银联“云闪付”全覆盖；“云闪付”还覆盖了全省425家医院、345个社区卫生中心及下属服务站点、427所学校、304个菜场、362个纳税大厅、108个便民服务中心、257个停车场。全年累计发生手机Pay和二维码支付交易1.5亿笔，交易量居全国第二。

二、经济运行情况

2018年，浙江省经济运行总体平稳、稳中有进，全年实现地区生产总值56197亿元，比上年增长7.1%。产业结构持续优化，三次产业增加值占生产

总值比重分别为3.5%、41.8%和54.7%。人均地区生产总值达98643元,比上年增长7.2%(见图1–6)。

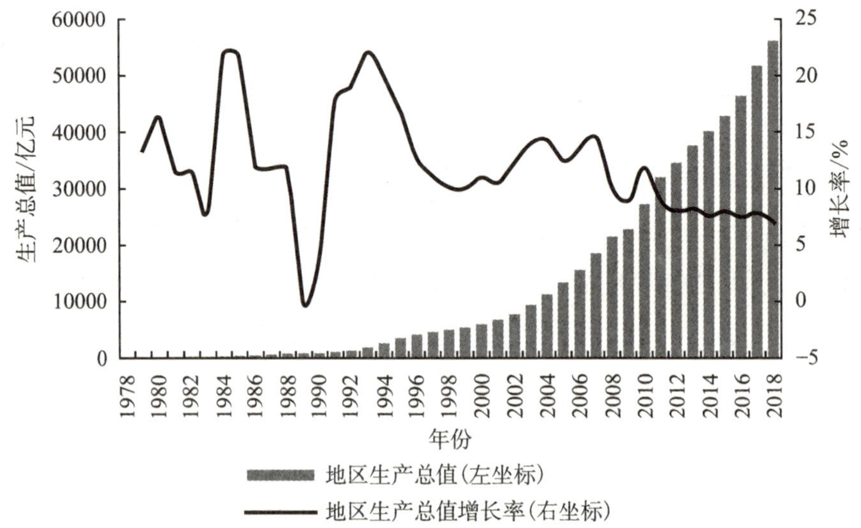

图1–6 1978—2018年浙江省地区生产总值及其增长率

数据来源:浙江省统计局。

(一)三大需求平稳增长,内生动力增强

2018年,浙江省投资、消费和出口三驾马车协同发力,需求结构不断改善。固定资产投资、社会消费品零售总额、外贸出口额分别为33336亿元、25008亿元和3211.5亿美元。

一是投资缓中趋稳,结构持续优化。2018年,浙江省固定资产投资同比增长7.1%,高于全国1.2个百分点,增速同比回落1.5个百分点(见图1–7)。其中,制造业投资增长4.9%,增速同比回落1.0个百分点;基础设施投资增长7.7%,增速同比回落5.5个百分点;房地产开发投资增长20.9%,增速同比回升10.8个百分点。

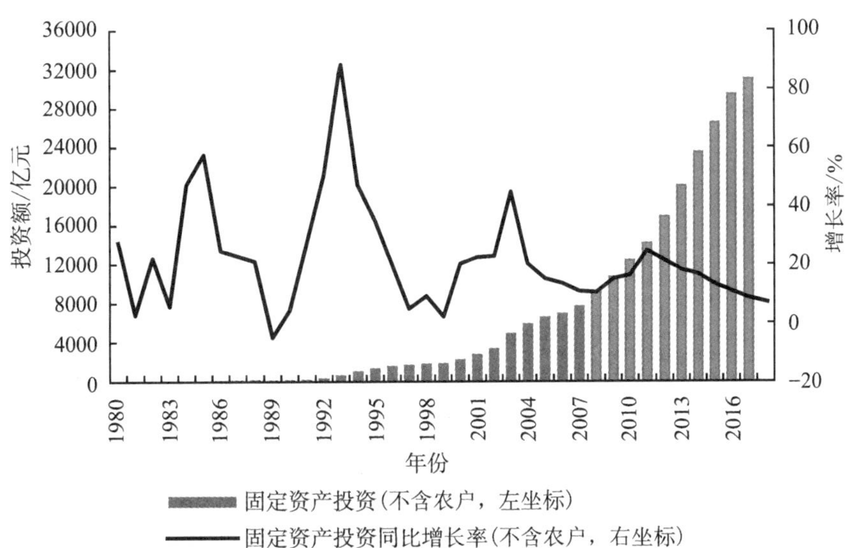

图1-7　1980—2018年浙江省固定资产投资(不含农户)及其增长率

数据来源:浙江省统计局。

随着产业结构向中高端迈进,浙江省投资结构不断优化,新兴产业投资较快增长。2018年,高新技术产业(制造业)投资增长25.0%,高技术服务业投资增长14.7%。民间投资增长17.8%,比全部投资增速高10.7个百分点,投资量占投资总额的比重为63.1%。

二是消费增长有所回落,线上线下加快融合。2018年,浙江省社会消费品零售总额25008亿元,增长9.0%,增速同比回落1.6个百分点,与居民收入增长基本同步(见图1-8)。限额以上消费品零售额中,食品、饮料、烟酒类消费增长14.3%,汽车类消费下降0.7%,石油类及制品类消费增长15.9%,消费升级类其他商品增长15.1%。网络消费持续发力,线上线下加快融合。2018年,全省网络零售额16719亿元,增长25.4%;省内居民网络消费8471亿元,增长25.0%。

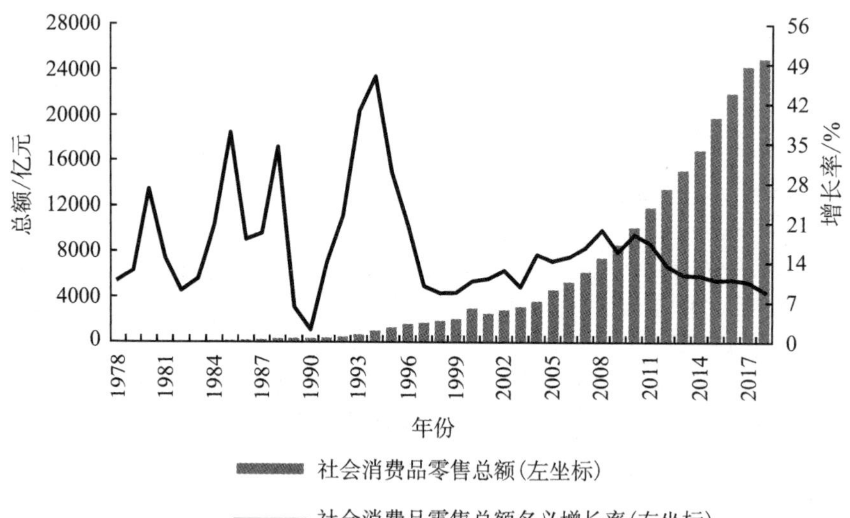

图1-8 1978—2018年浙江省社会消费品零售总额及其增长率

数据来源:浙江省统计局。

三是外贸进出口创历史新高,投资呈现持续净流入。2018年,浙江省出口3211.5亿美元,同比上升12%;进口1113.2亿美元,同比上升22.2%;进出口顺差2098.3亿美元,同比上升7.1%(见图1-9)。2018年,浙江省实际利用外资186.4亿美元,同比上升4.1%;实际对外投资85.9亿美元,同比上升3.3%。外国来华直接投资流入金额持续高于对外直接投资流出金额,全年差额为100.5亿美元(见图1-10)。

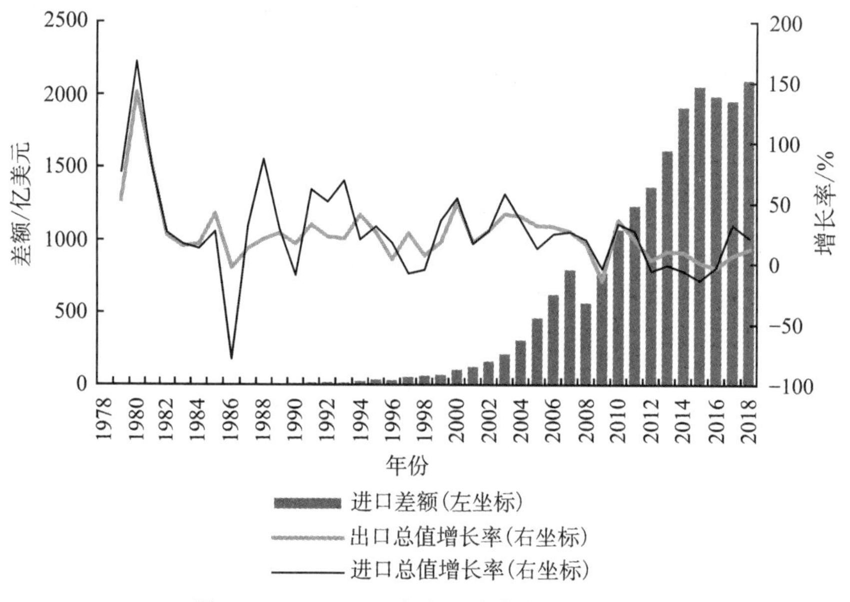

图1-9 1978—2018年浙江省外贸进出口情况

数据来源:浙江省统计局。

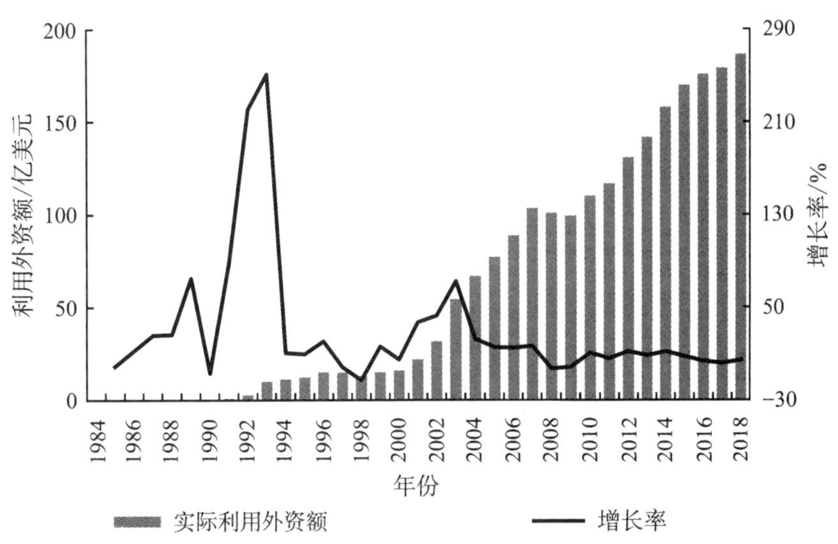

图1-10 1984—2018年浙江省实际利用外资额及其增长率

数据来源:浙江省统计局。

(二)产业结构持续优化,新旧动能有序转换

2018年,浙江省三次产业结构由上年的3.7∶43.0∶53.3调整为3.5∶41.8∶54.7,第三产业比重比全国平均水平高2.5个百分点,三次产业对生产总值的增长贡献分别为1.0%、42.8%和56.2%。

一是农业生产保持稳定,效益农业基本平稳。浙江省围绕建设高效生态农业强省、特色精品大省的目标,以农牧结合、农林结合、循环发展为导向,以主体功能区规划和优势农产品布局为依托,不断优化农林牧渔业产业结构,加快发展绿色农业。2018年,第一产业增加值为1967亿元,同比增长1.9%,其中,农业、林业、渔业增加值分别增长2.6%、4.7%和3.1%。中药材播种面积同比增长4.6%,蔬菜、果用瓜、花卉苗木播种面积与上年基本持平。

二是工业经济平稳发展,新旧动能转换加快。2018年,全省全部工业增加值增长7.5%,增速比上年回落0.6个百分点,其中,规模以上工业增加值同比增长7.3%,增速比上年回落1.0个百分点(见图1-11)。数字经济“一号工程”引领转型,全年数字经济核心产业增加值5548亿元,比上年增长13.1%,占生产总值的9.9%,比重比上年提升0.4个百分点。在规模以上工业中,数字经济核心产业增长11.8%,高新技术、装备制造业、战略性新兴产业增加值增速均高于规模以上工业,分别拉动规模以上工业增加值增长5.1、4.0和3.1个百分点。传统制造业加快提升,十七大重点传统制造业增加值增长6.0%,利润增长7.2%,增速快于规模以上工业1.9个百分点。

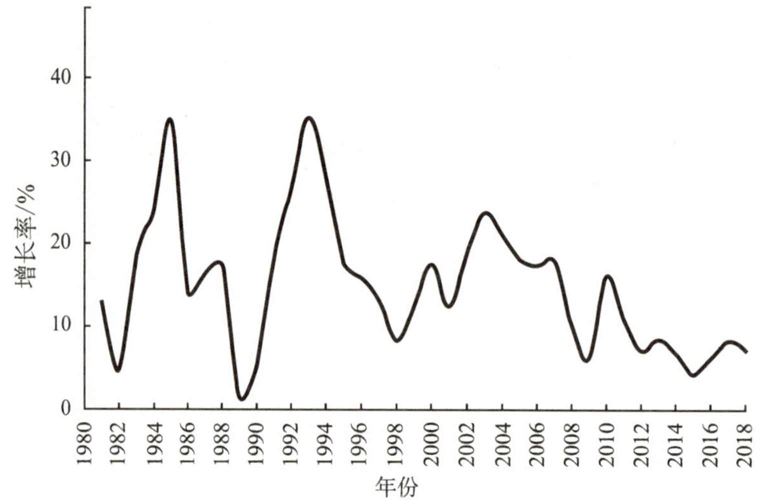

图1-11 1980—2018年浙江省规模以上工业增加值实际增长率

数据来源:浙江省统计局。

民营经济活力增强,有力带动工业经济发展。2018年,浙江省民营经济增加值36000多亿元,占全省生产总值的65.5%左右;在规模以上工业中,民营企业增加值比上年增长8.1%,比规模以上工业高0.8个百分点。

三是服务业增长放缓,高端服务业引领经济发展。2018年,浙江省服务业增加值比上年增长了7.8%,增速同比回落1个百分点,比生产总值增长高0.7个百分点,比全国高0.2个百分点,在三产中比重比上年高1.4个百分点。规模以上服务业企业营业收入15045亿元,比上年增长14.2%,其中,战略性新兴服务业营业收入6631亿元,比上年增长22.0%。数字技术推动新兴服务业快速发展,电子商务推动的新兴物流产业为服务业发展持续注入新的活力。与线上消费相关的快递业务量达101.1亿件,比上年增长27.5%,业务收入779.3亿元,比上年增长16.6%。

四是供给侧结构性改革深入推进,“三去一降一补”取得新进展。2018

年，全年处置僵尸企业393家，超额完成处置僵尸企业200家的年度目标任务。全年规模以上工业企业产能利用率为81.9%，高于全国的76.5%，连续9个季度保持在80.0%以上。商品住宅消化周期已降至7个月以下。商品房销售面积和商品房销售额分别比上年增长1.6%和14.2%。年末规模以上工业资产负债率为55.5%，服务业企业资产负债率为53.4%左右。2018年，规模以上工业企业每百元主营业务收入的成本为83.8元，与上年基本持平。预计研发经费支出占生产总值的比重为2.52%，规模以上工业技术（研究）开发费增长29.2%。

五是能源利用效率显著提高，环境质量持续提升。浙江省全面贯彻落实绿色发展理念，大力发展循环经济。2018年，规模以上工业能耗增长2.1%，增速低于上年0.9个百分点，单位增加值能耗比上年下降4.8%。八大高耗能行业单位增加值能耗同比降低3.9%，其中，化学纤维制造业、造纸及纸制品业单位增加值能耗分别下降9.7%和7.5%。坚持生态环境综合治理，实行严格的生态环境保护制度，环境质量不断改善。2018年，设区城市PM2.5均值下降12.8%，设区城市日空气质量优良天数比例增长2.6%，省控断面Ⅰ至Ⅲ类水质占比增长1.8%，县级以上集中式饮用水水源地水质达标率（个数口径）增长1.1%。

（三）价格水平总体平稳，劳动效率显著提高

一是居民消费价格小幅上升。2018年，浙江省居民消费价格（CPI）上涨2.3%，涨幅提高0.2个百分点。八大类消费品和服务项目价格均上涨，其中，居住类涨幅为3.4%，食品烟酒、医疗保健、教育文化娱乐类涨幅在2.2%和2.6%之间，生活用品及服务、衣着、交通通信类涨幅在1.0%～1.4%，其他用品及服务类上涨0.2%。

二是生产者价格涨幅明显回落。2018年，浙江省工业生产者出厂价格（PPI）同比上涨3.4%，涨幅回落1.4个百分点；购进价格同比上涨5.1%，涨幅回落4.5个百分点（见图1–12）。

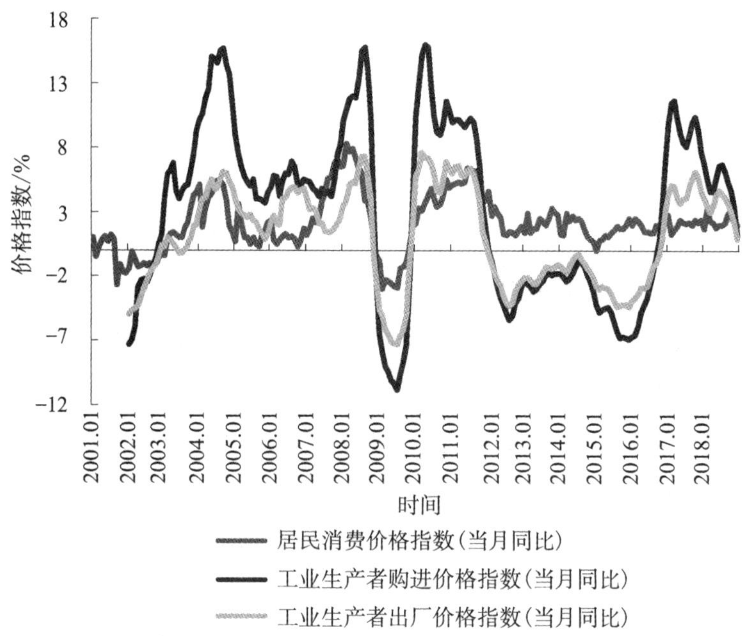

图1-12 2001—2018年浙江省居民消费价格和工业生产者价格变动趋势

数据来源:浙江省统计局。

三是劳动效率显著提高,居民收入稳步增长。2018年,全社会劳动生产率为14.7万元/人,按可比价格计算,比上年增长6.0%。规模以上工业劳动生产率达22.5万元/人,按可比价格计算,比上年增长8.3%。浙江省居民人均可支配收入45840元,同比增长9.0%,扣除价格因素实际增长6.5%。城镇、农村居民人均可支配收入分别为55574元和27302元,同比分别增长8.4%和9.4%,扣除价格因素实际增长6.0%和7.0%。

(四)财政收支较快增长,民生福祉不断改善

2018年,浙江省财政总收入11706亿元,比上年增长13.6%;一般公共预算收入6598亿元,比上年增长11.1%。税收收入5586.5亿元,比上年增长11.6%,占一般公共预算收入比重为84.7%,继续保持较高水平。在税收收入中,增值税和企业所得税分别增长9.6%和11.8%,个人所得税增长14.3%。

2018年,浙江省一般公共预算支出8628亿元,同比增长14.6%。民生支出保障有力,八项民生支出占比73.4%。其中,城乡社区、科学技术支出增长

突出，分别增长27.3%和25.1%（见图1-13）。

2018年，浙江省共发行地方政府债券2086.6亿元，较上年增加95.2亿元。截至2018年末，浙江省地方政府债券余额10760.9亿元，负债率19.1%，较上年提高1.4个百分点。

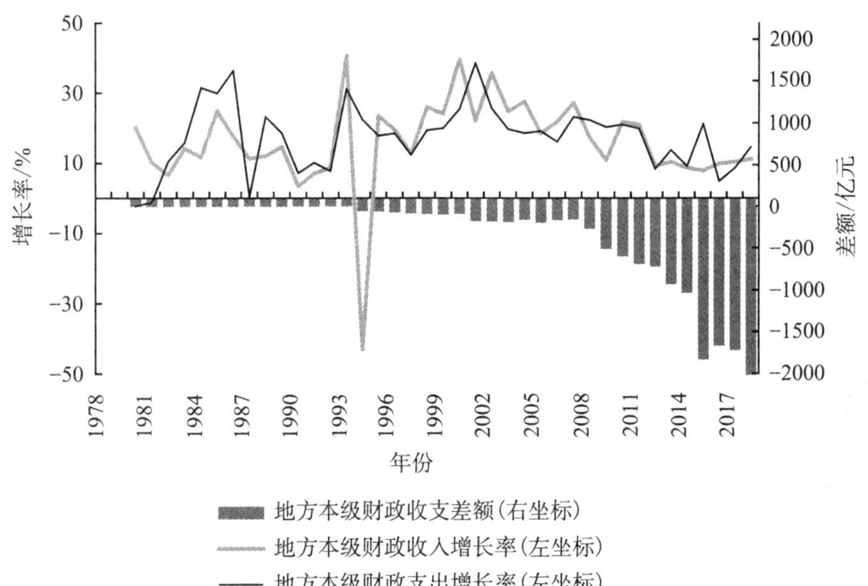

图1-13 1978—2018年浙江省财政收支状况

数据来源：浙江省统计局。

（五）房地产市场平稳

一是房地产投资保持较快增长。2018年，全省房地产开发完成投资9945亿元，同比增长20.9%。其中，住宅投资拉动因素最为明显，完成投资7156亿元，同比增长26.8%，较上年提高9.3个百分点。全省房地产开发新开工面积12879万平方米，同比增长27.3%。

二是商品房在售库存趋稳略升。2018年底，全省新建商品房可售房源面积11219万平方米，消化周期为13.7个月。其中，商品住宅可售房源面积5577万平方米，消化周期为8.4个月，新建商品房和新建商品住宅的消化周期较年初分别增加0.9个月和1.0个月。

三是新建商品住房成交量平稳增长。2018年，全省新建商品房销售面积9755万平方米,同比增长1.6%,增幅较上年有所回落(见图1–14)。其中,商品住宅销售面积7936万平方米,同比增长3.5%。省内11个房价重点监测城市中,有8个城市的新建商品住宅销售面积同比增速为正。杭州、宁波、绍兴三地全市新建商品住宅销售面积分别为1329万平方米、1299万平方米和844万平方米,同比分别减少12.6%,增加1.2%,减少0.7%。

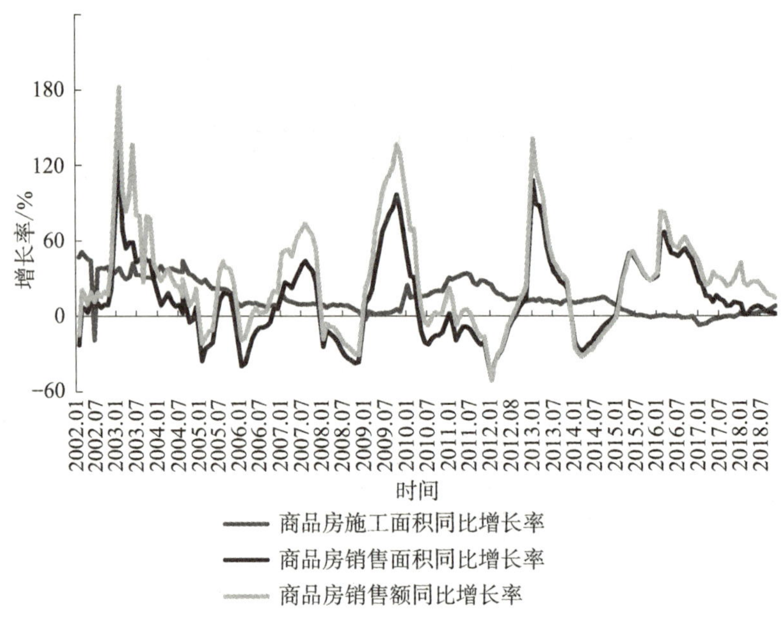

图1–14 2002—2018年浙江省商品房施工和销售变动趋势

数据来源:浙江省统计局。

四是房价涨幅基本平稳。2018年12月,全省新建商品住宅销售价格同比上涨5.1%,涨幅比上年上升1.7个百分点;环比上涨0.7%,涨幅比上月上升0.5个百分点(见图1–15)。

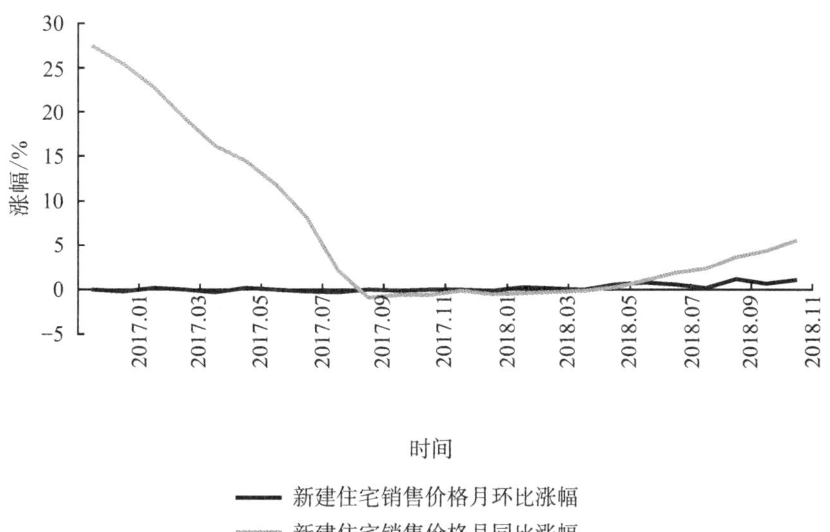

图1–15　2017—2018年杭州市新建住宅销售价格变动趋势

数据来源：浙江省统计局。

五是房地产贷款总量保持平稳增长。2018年末，全省房地产贷款余额2.87万亿元，同比增长28.8%，增速较上年上升3.2个百分点。其中，房地产开发和个人住房贷款余额分别同比增长54.1%和20.4%。全省房地产贷款余额占各项贷款余额的比重为27.1%，较上年末上升2.4个百分点，比全国平均水平低约1个百分点。

专栏2：浙江省积极出台各类措施防范化解金融风险

2018年，浙江省出台《浙江省交易场所高级管理人员任职资格管理工作指引》《浙江省网络借贷信息中介机构业务活动管理实施办法(试行)》等多项监管制度，明确金融监管程序，整顿金融运行秩序，着力防范化解金融风险。一是强化监控体系，扎实推进风险防控工作。建立"天罗地网"式的监测防控体系，建立健全全省金融风险监测预警信息化体系，加强对互联网金融等各类金融业态风险的防控。加强出险企业监测和企业逃废债监测。2018年，全省共监测到新发生出险企业1086家，同比减少31.4%。二是整顿金融秩序，打击违法违规金融活动。开展清理整顿各类交易场所"回头看"

工作,暂停批设新交易场所,稳妥有序开展分类处置,关停一批交易场所。扎实推进互联网金融风险专项整治,深化P2P网络借贷专项整治,及时摸清39家重点平台的资金流向。组织开展虚拟货币和互联网外汇平台专项清理整治。切实做好防范和处置非法集资工作,做好案情和事件的协调处置。三是持续推进破产重整和债转股。2018年,全省受理企业破产重整案件53件,审结30件,12家企业信用得以修复。在全省范围内开展重整企业排查,建立重整企业库,金盾集团等90家重点民营企业纳入重整企业名录;18家企业与银行签订291.2亿元债转股合作协议,7家企业共计45.7亿元债转股项目已成功落地。四是全面落实金控公司监管。扎实开展金融控股公司模拟监管工作,建立数据及资料报送制度。出台《蚂蚁金服重大事项及重要信息报告制度》,开发监管信息系统,全面开展风险评估,完成金控公司模拟监管阶段性工作任务。五是稳妥处置大型民企债务风险事件。稳妥处置华信集团在浙债务兑付工作,平稳完成涉众债务的兑付。推动成立债务协调会,有效缓解盾安集团债务危机。

三、预测与展望

2019年,浙江省经济发展面临的国内外环境仍然复杂多变。从国际环境看,世界经济形势错综复杂,地缘政治风险依然较大,主要发达经济体货币政策存在不确定性,贸易摩擦给未来出口形势带来较大不确定性,未来风险不可低估;从国内环境看,中国经济运行总体平稳,供给侧结构性改革持续深化,但在新旧动能转换阶段,大部分新业态和新动能在量级上仍弱于传统支柱行业,企业有效融资需求有所下降,消费增长相对乏力,经济内生增长动力有待进一步增强。

从浙江省的情况看,其经济发展阶段已由高速增长阶段转向高质量发展阶段,经济运行机遇与挑战并存。一方面,浙江省经济效益继续提升,新动能不断发展壮大,传统产业改造步伐加快,创业创新力度加强,数字经济“一号工程”引领转型,新旧动能接续转换和市场主体转型升级均走在全国前列。另一方面,经济持续向好的基础还不牢固,投资需求仍显不足,新动能尚难发挥主引擎作用，传统产业转型难度较大，部分企业经营仍较困难，金融风险防控任务依然艰巨。预计2019年浙江省经济将保持平稳增长，结构继续改善，新动能加快成长，企业效益改善。金融支持民营和小微企业力度将进一步加大，经济金融发展的协调性、匹配度将进一步提升。

2019年是新中国成立70周年，是高水平全面建成小康社会的关键之年。中国人民银行杭州中心支行将以习近平新时代中国特色社会主义思想为指导，坚持稳中求进工作总基调，紧紧围绕服务实体经济、防控金融风险、深化金融改革三项任务，按照人民银行总行工作部署，进一步完善金融宏观调控，落实好稳健的货币政策和宏观审慎政策要求，强化逆周期调节，把握好宏观调控的度，坚持总量稳定、结构优化的政策取向，综合运用再贴现和再贷款等各类政策工具，引导金融机构合理把握信贷总量与节奏，用好增量，盘活存量，着力加强对民营和小微企业等经济薄弱环节和重点领域的金融支持，进一步提高金融服务实体经济的能力和效率，为浙江省经济高质量发展和供给侧结构性改革营造良好的货币金融环境。

（本报告由中国人民银行杭州中心支行提供）

第二章　2018年度浙江省地方金融业改革与发展报告

一、2018年度浙江省地方金融改革主要工作成效

2018年，在省委、省政府的正确领导下，浙江省地方金融监督管理局（以下简称浙江省地方金融监管局）积极应对稳中有变、变中有忧的经济金融形势，敢于担当、主动作为，研究制定防范化解金融风险攻坚战“1＋5＋X”三年行动计划，重点落实金融支持民营企业高质量发展的“三张清单、五项机制、一个保障”，全力打好防范化解金融风险攻坚战，统筹抓好金融保障、金融发展、金融改革等各项工作，保持了金融运行总体平稳，有力支持了全省经济社会持续健康发展。

（一）民营企业流动性风险处置有力有效

针对盾安集团、金盾股份等大型民营企业突发的流动性风险，浙江省组织相关金融机构、属地政府先后采取了一系列应对帮扶措施，及时有效地控制了可能引发的“多米诺骨牌”效应，迅速稳住了局面，稳定了市场预期和信心，也为全国类似风险处置积累了经验。与此同时，浙江省采取了“组合拳”措施综合施策，梳理建立全省民营企业发债需求清单，在全国率先试点民营企业债券融资支持工具，帮助企业顺利发债，试点规模占全国1/3，居全国第一；成立注册资本50亿元的省融资担保公司，推动各地设立或增资融资担保公司，为龙头骨干企业发债、贷款融资提供增信服务。2018年，全省发行各类企业债券5274亿元，同比增长24.7%。针对上市公司股权质押风险，率先

出台政策意见，组建首期100亿元的上市公司稳健发展支持基金，建立75家企业的股权质押帮扶清单。截至2018年末，全省已组建或正在筹建的纾困基金规模达785亿元，已落实68家上市公司的救助措施，涉及资金262.97亿元，上市公司发展更趋稳健。浙江省针对企业“两链”风险，创新政银企司法会商、省市县联动处置等机制，使银行不良率降至1.15%，已成为全国不良率最低的省份。

(二)P2P网络借贷风险高发态势得到有效遏制

面对2018年6月以来，牛板金、草根投资等一批平台集中出险的复杂严峻形势，浙江省按照党中央、国务院的统一部署，省委、省政府主要领导亲自部署、亲自主抓，督促各地按照“三严两强化”的总体要求，以“三个不再”为目标，明确“以退出为主要方向”的工作思路，建立“三降三率”量化指标体系，有序开展“三个一批”分类处置，各项工作取得积极进展。截至2018年末，浙江省有存量P2P网贷机构191家、未兑付余额1000亿元，较2018年7月末分别下降58%和22%；累计排查的750家P2P网贷机构中，已销号421家，立案受理138家。同时，浙江省“以退为主”的风险应对思路和做法，得到了中国银保监会主席郭树清的批示肯定，全国工作会议在杭州举行并推广浙江省的做法。

(三)各类金融乱象整治取得成效

非法集资发案数占全国比重从2012年、2013年的20%左右大幅下降到2018年的8%左右，但防控形势依然严峻，2018年，浙江省新立百万元以上非法集资案件485起、涉案金额726亿元、涉及人数120万人，分别同比增长30.7%、138.0%、118.2%。江苏“易乾宁”“钱宝系”案、云南“泛亚”案、北京“E租宝”案等输入性风险处置稳步推进。全省深入推进交易场所清理整顿“回头看”工作，全年共立案查处1家交易场所，清退转型8家交易场所，并积极化解处置重点交易场所风险，同时扎实做好私募基金、保险和信托等领域风险协调处置工作。

(四)金融服务实体经济坚实有力

2018年,浙江省实现社会融资规模增量1.95万亿元,同比多增4053亿元,创下历史新高。截至2018年末,全省银行业金融机构存、贷款余额分别为11.7万亿元和10.6万亿元,其中,新增各项贷款1.6万亿元,增量居全国第二位,增速17.2%,并为大湾区大花园大通道大都市区建设、数字经济等重大战略以及小微、“三农”等薄弱环节提供了有力的金融保障。截至2018年末,全省中长期贷款余额占比提高到53.8%;制造业贷款增长从2018年上半年开始止跌回升,至年末余额达到2.21万亿元,居全国首位,同比增长6.0%;科学研究和技术服务业与信息传输、软件和信息技术服务业贷款分别增长43.2%和41.6%;小微企业贷款和涉农贷款余额均居全国首位。

(五)区域金融改革创新取得新成效

湖州、衢州绿色金融改革创新试验区建设在全国做出示范,中央财经委确定湖州市为践行习近平新时代中国特色社会主义经济思想的绿色金融改革创新典型调研点,人民银行、银保监会等国家部委在湖州召开全国绿色金融交流会,推广绿色金融“浙江经验”。舟山自贸区与上海期货交易所签署战略合作协议,聚焦油气全产业链建设,加强交流合作。台州小微金改、温州综合金改、宁波保险创新、义乌国际贸易金改、丽水农村金改持续深化推进。浙江省总结了许多新经验、新亮点并加以推广。

(六)万亿现代金融产业加快发展

2018年,浙江省金融产业增加值增长11.3%,高于全国平均水平。钱塘江金融港湾37个重点项目加快推进实施,杭州国际金融科技中心专项规划已发布。第二届钱塘江论坛、Money20/20全球金融科技创新博览大会、“西湖—日内瓦湖”两湖金融论坛等重大活动成功举办,全国首家中外合资银行卡清算机构——连通技术服务公司筹备申请获批通过。截至2018年末,全省在证券基金业协会备案的私募基金管理人有2890家,管理资产规模1.09万亿元,居全国第四位。

(七)“凤凰行动”计划深入推进

省市县三级汇总形成全省1000家重点拟上市企业清单,主动对接上海证券交易所科创板,持续做好跟踪服务工作。2018年,全省新增境内外上市公司28家,其中境内17家,居全国第三。截至2018年末,浙江省共有境内外上市公司535家,其中境内上市公司432家,数量居全国第二,实施并购投资1168亿元,新三板挂牌企业933家,省股交中心挂牌企业6601家。

(八)党的领导和地方金融监管队伍建设进一步加强

一是深入开展“大学习大调研大抓落实”活动,进一步转变工作作风,认真研究新情况和新问题,形成了浙江省不良贷款率合理区间研究等课题成果。二是挂牌成立浙江省地方金融监管局,编制新“三定”方案,认真做好融资租赁公司、典当行、商业保理公司、融资担保公司,以及从事信用互助的农民专业合作社等机构的人员转隶工作。三是加快研究制定《浙江省地方金融条例》,该条例草案已进入省人大常委会法工委修改完善阶段。政务信息、信息公开、信访维稳、统计监测等各项工作均取得新进展。

二、2019年度浙江省地方金融改革与发展的重点工作

2019年是高水平全面建成小康社会的关键之年,地方金融工作将承担新的使命和任务,迎来新的机遇和挑战。浙江省地方金融监管局将认真贯彻落实中央“六稳”和省委、省政府关于稳企业、增动能、保平安等各项决策部署,围绕金融服务实体经济、防控金融风险、深化金融改革三项任务,全力打好防范化解金融风险攻坚战,加强民营企业金融服务,缓解小微企业融资难融资贵问题,为全省高质量发展提供更强有力的金融支撑。

(一)落实企业融资“三张名单”,加大金融支持民营经济力度

一是落实需要帮扶纾困的企业名单。动态更新民营企业发债需求、上市公司股权质押纾困和困难企业帮扶等“三张清单”,对照需求及时落实相

应工作机制,"一企一策"加以帮扶化解,确保企业不因债务违约引发风险,上市公司股权质押整体比例下降,帮扶清单中的企业风险得到整体缓解。

二是落实中小微企业名单。实施小微企业信贷"增氧"计划和金融服务"滴灌"工程,着力破解小微企业融资难融资贵问题,争取2019年全省新增用于小微企业贷款3000亿元。加快完善政策性融资担保体系,2019年底前实现各县(市、区)机构全覆盖,力争担保余额超过600亿元。借鉴省内外先进经验,探索建立综合金融服务信息化平台,实现政银企资源高效交互对接。

三是落实需要支持的优质企业名单。深入实施"凤凰行动"计划,推动更多的企业在科创板上市。争取全省境内外上市公司数量增加到600家,并购金额达到800亿元。加大对制造业的金融支持力度,推动制造业贷款增长再提速,占比再提高。运用新金融支持高新技术企业和科技型中小企业发展,力争2019年实现科技信贷增长15%以上,新增股权融资500亿元。

(二)坚守地方金融风险底线,全力打好防范化解金融风险攻坚战

一是持续打好防范化解企业债务风险"组合拳"。加大化旧控新、化圈解链力度,指导协同属地政府推动盾安集团、五洋建设、欧华造船等重点企业风险化解方案落实到位。发挥金融稳定投资基金作用,支持和撬动银行实施债转股,力争将全省不良率控制在1.5%以下。

二是加快P2P网络借贷风险应对处置工作。聚焦追赃挽损,按照"三严两强化"的工作部署,坚持"退出一批、取缔一批、待处理一批",分类进行处置,确保2019年存量机构总数下降85%,未兑付金额下降50%,案均追赃挽损率力争达到20%。

三是持续推进各类金融风险专项整治。严厉打击非法集资,实施陈案风险处置三年攻坚计划,力争年度陈案结案率不低于70%。巩固清理整顿交易场所"回头看"工作成果,建立健全监管制度,加强重点交易场所监管。同时,进一步健全区域金融风险分析预警工作机制,深入推进"天罗地网"式的监测防控体系建设。加大逃废债打击力度,发挥金融顾问制度优势,全力维护区域信用环境。

（三）推进万亿现代金融产业培育，持续深化区域金融改革创新

一是加快打造新兴金融中心。围绕富民强省十大行动计划、数字经济等重大战略实施，加强金融保障，争取2019年金融产业增加值增长（现价）8%左右。在抓好钱塘江金融港湾建设现有的37个重点项目的基础上，再安排20个左右省级重点项目持续推进。发布实施杭州国际金融科技中心专项规划，支持全球金融科技创新实验室建设，推进“移动支付之省”建设。

二是推动各项区域金改再深化。支持宁波申报数字普惠金融试点、丽水申报金融支持乡村振兴试验区，继续抓好湖州衢州绿色金改、台州小微金改、温州综合金改、宁波保险创新、义乌国际贸易金改等试点工作，加大成熟经验复制推广力度。

三是推动金融服务自贸区建设。积极融入长三角一体化发展战略，制定自贸区国际油品交易中心建设实施方案，深入推进与上海期货交易所的期现合作。积极争取上海自贸区外汇管理试点等政策措施在浙江省率先进行复制推广。

（本报告由浙江省地方金融监管局提供）

金融行业类别报告

第三章　2018年度浙江省银行业发展报告

一、2018年度浙江省银行业运行总体情况

（一）规模稳健增长

一是资产布局回归主业。截至2018年末，浙江省银行业资产总额15.2万亿元，比年初增加1.1万亿元，同比增长8.1%，增速较上年同期上升2.1个百分点。非信贷资产余额占资产总额的31.1%，同比下降5个百分点，创近年新低，乱象治理、回归本源的成效明显。

二是贷款增速再创新高。截至2018年末，浙江省银行业各项贷款余额10.6万亿元，比年初增加1.6万亿元，同比多增7072亿元，同比增速达17.2%，大幅高于浙江GDP增速。从期限看，中长期贷款5.7万亿元，占比达53.8%，保持稳定上升态势。分地区看，大多数地市贷款同比增速达两位数，其中杭州（25.03%）、湖州（18.44%）是增速最高的两个地市。从行别看，不同机构信贷投放不均衡现象有所改变。

三是贷款结构有所优化。截至2018年末，浙江省非金融企业及机关团体贷款余额6.3万亿元，同比增长12.1%，高于上年同期7.6个百分点。其中，制造业贷款余额2.2万亿元，比年初增加1256亿元，扭转多年下降趋势，贷款余额位居全国首位。信息传输、软件和信息技术服务业以及科学研究和技术服务业贷款增势迅猛，分别同比增长41.6%和43.2%。

四是投资业务增速下降明显。2018年末投资业务同比增速-3.9%，低于

上年同期6.4个百分点,为近年来最低。同业资产规模缩减。截至2018年末,浙江银行业同业资产(包括存放同业、拆放同业、买入返售)余额4378亿元,比年初减少562亿元,同比下降11.4%。同业资产占总资产比重为2.9%,较上年同期下降0.6个百分点。

五是负债增长平稳。截至2018年末,浙江省银行业负债总额14.6万亿元,比年初增加1万亿元,同比增长7.5%,高于上年同期2.2个百分点。

六是存款基础进一步夯实。截至2018年末,浙江省银行业各项存款余额11.7万亿元,比年初增加9192亿元,同比增长8.6%,同比多增1402亿元。分机构看,国有银行、股份制银行和农村中小金融机构分别同比多增565亿元、540亿元和244亿元,但城市商业银行同比少增191亿元,存款增长出现机构分化。分地区看,存款增长较快的地区是衢州、湖州、台州,分别同比增长14.3%、13.5%和11.8%;存款增长相对较慢的地区是温州、宁波、舟山,分别同比增长6.7%、5.5%和1.3%。

七是表外业务持续回表。截至2018年末,浙江省银行业表外业务余额16万亿元,比年初增加2.2万亿元,同比增长15.7%,增速较上年同期下降23.8个百分点。

八是传统担保类表外业务出现恢复性增长。2018年末余额1.5万亿元,比年初增加2030亿元,同比增长15.7%。与此同时,承诺类业务余额1.2万亿元,比年初增加488亿元,同比增长4.3%,低于上年同期31.6个百分点。金融衍生品余额4.5万亿元,比年初增加9212亿元,同比少增1万亿元。

九是金融资产服务类业务扩张明显放缓。2018年末增速为12.7%,低于上年同期16.8个百分点。受资管新规、P2P风险集中爆发等因素影响,发行非保本理财、委托投资、资产托管余额分别同比下降5.5%、13.1%、1.4%,委托贷款同比增长仅0.1%。

(二)结构持续优化

一是对公业务稳步推进。其一,重点产业保障有力。截至2018年末,浙江省制造业贷款余额2.2万亿元,占各项贷款的21%;全年累计新增1256亿元,同比多增1897亿元。其二,特色金融支持实体经济稳健发展。截至2018

年末,浙江省绿色信贷余额7323.57亿元,同比增长20.58%;科技型企业贷款余额2689.4亿元,同比增长13.8%。

二是民营企业信贷多增。截至2018年末,浙江省民营企业贷款约占全部企业贷款的51.2%。2018年,浙江省民营企业贷款投入反弹明显,全年浙江民营企业新增贷款占全部新增企业贷款的24.3%,占比较上年(－2.8%)提高27.1个百分点。

三是普惠金融成效显著。截至2018年末,浙江省银行业用于小微企业贷款余额3.4万亿元,比年初增加3038亿元,同比增长9.7%,增速高于上年同期2个百分点。普惠金融加速向数字化转型,主动对接和运用浙江"最多跑一次"、数字化转型的新成果,借助大数据、云计算、人工智能等科技手段,不断提高金融服务效率。

四是零售业务转型加速。住房按揭贷款高位趋缓。截至2018年末,浙江省银行业以房贷为主的中长期消费贷款余额2.2万亿元,新增3522亿元。由于房地产调控及限额管控措施持续发力,浙江居民中长期贷款增速回落至20%以下。

五是短期消费贷款增速快速走高。2018年末浙江居民短期消费贷款新增3150亿元,同比多增2160亿元,增速达70.2%,高于上年同期42个百分点。银行创新金融服务方式,通过金融科技场景化融入,满足客户普遍的消费升级需求。信用卡消费从大额支出逐渐向小额消费场景普及。卡均消费持续增长,信用卡的消费频次也在提升。

(三)信用风险指标向好

截至2018年末,浙江银行业不良贷款余额1209亿元,比年初减少269亿元;不良率1.15%,比年初下降0.49个百分点。从地区看,各地市不良率均比年初回落,其中衢州(下降0.73个百分点)、金华(下降0.67个百分点)、温州(下降0.63个百分点)不良率比年初下降较多。除舟山外,其他地市不良率均降至2%以下。

二、2019年度浙江省银行业发展展望

(一)宏观经济形势基本判断

展望2019年,银行业宏观经济面临的形势依旧复杂。

从国际看,贸易保护主义持续蔓延,全球贸易投资环境逐渐趋紧,发达经济体货币政策转向和新兴经济体金融市场动荡还将延续。全球经济或已进入本轮复苏的尾部阶段,增长动力有所减弱,面临的下行风险加大。

从国内看,中国经济依然处在“大调整”阶段,尚未实质性开启“新周期”。不同行业、不同地区、实体与金融、传统金融与新金融等之间的“大分化”“大调整”“大融合”仍在持续,中国经济整体仍处于跨越“中等收入陷阱”爬坡过坎的关键期。但随着“六稳”政策落地见效,监管环境将严中趋稳,财政力度将更为积极,营商环境也有望进一步改善,民营和小微企业的经营信心、信贷需求和融资可得性均有望提高。

从浙江省看,受中美经贸摩擦冲击、创新能力不足、产业处于全球价值链中低端等因素影响,浙江省需求、供给端的增长可能出现进一步放缓迹象,经济稳定增长面临更大压力,新动能对经济支撑作用尚有限、投资增长后劲不足、民营大企业流动性风险突出等问题需高度关注,但浙江“高于预期、好于全国、领跑东部”的势头仍有望延续。

(二)浙江省银行业发展趋势展望

一是资产配置由大到小,客户重心进一步下沉,民企、小微企业贷款或成银行规模扩张与盈利增长的关键。从政策导向看,2018年,民营企业债务违约和流动性风险频现,金融市场的“羊群效应”进一步加大了民营企业信用环境恶化压力。在此背景下,中央及时召开民企座谈会并出台了一揽子民企纾困扶持计划,银保监会也提出针对民营企业融资的方向性目标,强化正向激励,金融资源在这些领域的可得性将增加。从银行自身看,在结构性去杠杆大方向未完全转变的背景下,民营企业、小微企业领域的信贷或是实

现规模扩张的有效突破口。特别是未来随着逆周期政策对实体流动性的逐步改善,民企贷款有望持续发力并正向拉动银行息差。

二是金融科技重塑渠道,助推零售转型提速,消费金融仍是各银行及互联网机构角力主战场。一方面,在战略、风险、息差等因素综合考量下,商业银行零售转型仍将持续推进。零售贷款增速或继续高于对公贷款增速,居民零售贷款和零售收入占比有望进一步提升。业务结构上,信用卡业务及住房按揭贷款业务等传统消费金融领域仍是发力重点,一些在产品设计上与互联网金融产品基本类似的消费金融产品也将成为部分银行的业务新宠。另一方面,商业银行零售业务智能化转型趋势将更为清晰,银行个体间的差异也将逐步拉大。一些与科技深度融合的零售银行业务,将向着智能化、轻型化、精细化、特色化和生态开放化的方向迈进,部分在全面数字化转型和生态圈打造方面主动进行体系性战略重构的商业银行,将在市场竞争中脱颖而出。

三是资产质量再度承压,局部风险或有出现,但表现好于预期。从信用风险看,受内外部冲击压力综合作用,2019年国内经济增速可能有所放缓并带动银行业资产质量顺周期恶化,部分行业、区域信用风险或将持续释放。从市场风险看,目前金融市场不确定、不稳定性以及各子市场间风险关联性仍在增加,各类金融市场风险已成为信用风险不容忽视的诱发因素。未来全球金融市场的持续动荡以及中美货币政策的进一步分化,可能加剧市场风险防控压力。但考虑宏观政策对冲发酵、企业盈利改善可期以及银行之前较为充足的拨备计提压力,资产质量短期波动对银行当期盈利影响较为有限。

四是资管行业跑道重塑,理财子公司布局加快,对中间业务收入贡献值得期待。伴随资管新规等一系列监管法规的逐步明确,未来资管行业将从无序竞争走向职能分化,各子行业将各归各位发挥主业优势,共同构建行业新格局。目前已有多家银行机构拟设立理财子公司。从未来前景看,政策利好叠加银行在规模、客户资源、销售渠道、资本金方面优势及货币、债券等固定收益领域的丰富经验,银行理财子公司具有较好的市场空间和天然竞争优势,一旦相关业务逐步成熟展开,有望增厚银行中间业务收入。但与此同时,设立理财子公司也可能会弱化与母行分支机构、其他业务条线的联动频度,进而影响销售能力与资产项目捕捉能力,且存在风险管理和决策机制的重建摩擦成本等不利因素,专业化运维任重道远。

(本报告由中国银保监会浙江监管局提供)

第四章　2018年度浙江省证券业发展报告

一、2018年度浙江省资本市场发展概况

(一)企业上市节奏国内领先,后备资源充足

2018年,浙江省新增境内上市公司17家,占全国新增总数的17.17%,位居全国第二。截至2018年底,全省境内上市公司总数432家,位居全国第二,其中中小板上市公司142家、创业板上市公司82家,分别位居全国第二、第四;全省新三板挂牌企业932家,位居全国第四;浙江股权交易中心挂牌企业6601家。另外,截至2018年底,全省尚有境内拟上市企业213家,其中辅导期企业176家,并呈现明显的梯次结构。浙江企业上市节奏在国内领先,在各个市场板块之间形成明显的梯队效应,为后续发展打下较好基础(见表4–1)。

表4–1　2018年浙江省境内上市挂牌企业基本情况　　单位:家

指标名称	2018年新增数	2018年末数
境内上市公司	17	432
其中:主板	11	208
中小板	4	142
创业板	2	82
新三板挂牌企业	–100	932
浙江股权交易中心挂牌企业	1290	6601

(二)股权融资规模略有下降,债权融资规模增长

2018年,全省境内上市公司共实现股权融资709.63亿元。其中,首发融资75.94亿元,增发融资433.68亿元。并购重组继续保持了较高的活跃度,形成"上市公司+主导产业+大批中小微企业"的产业架构,有效整合产业资源,有利于加快小微企业技术提升和企业发展,有187家境内上市公司实施并购重组307次,涉及金额1170.63亿元。全省企业发行公司债持续踊跃,全年共发行公司债111只,融资总额1048.27亿元,同比增长24.39%(见表4–2)。

表4–2　2018年浙江省资本市场直接融资情况

指标名称	2018年/亿元	同比增长/%
境内上市公司股权融资	709.63	–53.28
其中:首发融资	75.94	–84.39
增发融资	433.68	–57.99
公司债	1048.27	24.39

(三)证券经营机构回归本源,服务实体能力提升

截至2018年底,浙江省共有证券公司5家,证券公司分公司99家,证券营业部991家,证券投资咨询机构3家;全省证券投资者开户数1844.15万户;证券经营机构托管市值2.18万亿元,客户交易结算资金余额773.24亿元。2018年,全省证券经营机构累计实现代理交易额32.44万亿元、手续费收入70.25亿元、利润总额13.43亿元。浙江证券公司充分发挥本土券商主力军作用,通过股权类和债权类投行业务服务企业融资需求,浙商证券、财通证券分别为各类企业融资195亿元和218亿元。浙江证券基金经营机构积极参与钱塘江金融港湾建设,浙商证券转型母基金已累计投资100多个科创项目,2018年投资金额6.17亿元;财通证券2家子公司入驻杭州玉皇山南基金小镇,资产管理规模1564亿元。

(四)期货公司发展领先,期现结合成效明显

截至2018年底,浙江省共有期货公司12家,期货公司分公司23家,期货营业部222家;全省期货投资者开户数47.26万户,客户保证金余额481.85亿元。2018年,全省期货经营机构累计实现代理交易额39.17万亿元、手续费收入17.09亿元、利润总额13.61亿元;期货公司累计实现代理交易额39.17万亿元、营业收入34.55亿元、利润总额12.95亿元。在2018年期货公司分类评价中,永安期货、南华期货、浙商期货获评AA级。浙江6家风险管理子公司通过套期保值、风险管理等期现结合模式,全年累计服务实体企业4878家次,实现营业收入128.03亿元,净利润1.68亿元,并在服务中小微企业、“三农”扶贫领域发挥了积极作用。如永安资本创新“现货+含权”、变相长约等模式,服务15家轮胎企业,帮助企业降低因贸易争端引起的橡胶价格风险;南华资本深耕“保险+期货”业务,开展大豆、鸡蛋、苹果等价格保险项目服务“三农”。

(五)私募行业集聚发展特色突出

2018年,浙江省私募基金行业继续向钱塘江金融港湾、金融特色小镇集聚,私募基金产品数量和规模不断上升。截至2018年底,全省共有2890家私募基金管理人完成登记,发行产品8264只,管理资产规模10893亿元。浙江省私募基金集聚区建设更具规模,杭州玉皇山南基金小镇、余杭天使小镇等特色小镇的集聚效应日益显著(见表4–3、表4–4)。

表4–3　2018年浙江省证券期货经营机构基本情况

指标名称	2018年末数
证券公司/家	5
证券公司分公司/家	99
证券营业部/家	991
证券投资咨询机构/家	3
基金公司/家	3

续表

指标名称	2018年末数
期货公司/家	12
期货公司分公司/家	23
期货营业部/家	222
已登记私募基金管理人/家	2890
已备案私募基金/只	8264
已备案私募基金管理规模/亿元	10893

表4-4 2018年浙江省证券期货交易情况

指标名称	2018年	同比增长
证券经营机构代理交易金额/亿元	324404.07	−14.36%
其中:A、B股交易额/亿元	189750.53	−20.43%
基金交易额/亿元	10266.21	45.43%
证券经营机构代理交易手续费收入/亿元	70.25	−25.46%
证券经营机构利润总额/亿元	13.43	−57.63%
证券经营机构托管市值/亿元	21805.06	−20.73%
证券经营机构客户交易结算资金余额/亿元	773.24	−9.12%
证券投资者开户数/万户	1844.15	10.02%
期货经营机构代理交易额/亿元	391678.91	3.14%
期货经营机构代理交易手续费收入/亿元	17.09	−16.27%
期货经营机构利润总额/亿元	13.61	−21.78%
期货经营机构客户保证金余额/亿元	499.72	3.55%
期货投资者开户数/万户	47.26	8.37%

二、浙江省资本市场发展需关注的几个问题

(一)上市公司行业分布不均,潜在风险因素多样

浙江省上市公司行业分布仍以制造业为主,信息技术、现代服务业等新兴产业比重仍偏低。按照证监会门类行业划分来看,截至2018年12月31日,全省432家上市公司中:制造业共有320家,占比为74.07%;信息传输、软件和信息技术服务业有24家,占比为5.56%;以文化体育和娱乐业、租赁和商务服务业、金融业为代表的现代服务业共有26家,占比为6.02%。

2018年,浙江省上市公司总体上稳步发展,但也面临着股东股票质押风险压力较大、贸易摩擦、存在商誉风险隐患等诸多问题。上市公司整体规模大,带动效应强,其风险极易通过产业链、资金链等向外传导放大,影响企业家的信心和预期,对浙江经济健康稳定发展产生影响。

(二)证券期货公司业务发展任重道远

一是证券公司盈利随市场变化而下降。2018年,浙江证券公司及证券资产管理公司共实现营业收入50.46亿元,净利润16.4亿元,同比分别下降25.22%和43.98%。其中,经纪业务净收入13.85亿元,同比下降26.41%;投资银行业务净收入4.9亿元,同比下降32.41%;资产管理业务净收入8.35亿元,同比下降29.31%;投资收益18.43亿元,同比下降29.31%。

二是期货公司目前还停留在传统的以经纪业务为主体的阶段,缺乏个性化、高质量的服务和产品。2018年,浙江省期货公司营业收入34.55亿元,其中,手续费及佣金收入与利息收入共计占比超过80%。

三是期货公司资管业务主动管理能力有待加强。调研显示,期货公司主动管理的产品规模不到三分之一,且收益率普遍不高,仍以利用现有销售优势为客户选择管理机构进行资产配置为主,对外部投资顾问依赖性较大。

(三)新兴市场主体及证券服务机构规范运作水平有待提高

2018年,通过加强稽查执法案件宣传、强化私募机构监管、债券监管、会计监管、新三板监管、与其他监管部门加强监管协调机制建设等一系列工作,浙江省资本市场各类主体规范运营意识不断加强。然而前期检查及调研显示,一是部分市场主体及中介机构风险防范能力及规范运作水平仍有待进一步提升,私募机构水平参差不齐,关联方开展P2P业务、集团化运作、投资集中度较高、存在违法违规问题等风险较为突出。二是“三板”进入改革阵痛期,浙江新三板挂牌企业数目首次出现负增长,部分新三板公司规范运营基础薄弱,在募集资金使用、对外担保和信息披露等方面存在问题。三是随着浙江资本市场蓬勃发展,证券服务机构在浙注册落地速度加快,然而行业服务能力不能满足浙江资本市场快速发展的需求,分支机构快速扩张,带来总所质量控制能力落后、质控部门把关不严、部分执业人员专业胜任能力存疑等潜在风险。

三、2019年度浙江省资本市场发展展望

2019年是深入学习贯彻习近平新时代中国特色社会主义思想和党的十九大精神的重要一年,也是决胜全面建成小康社会第一个百年奋斗目标的关键之年。随着资本市场市场化、法治化、国际化改革的推进,浙江省资本市场助力供给侧结构性改革、服务实体经济的能力有望进一步提升;同时,浙江省作为资本市场“高地”,以及薄弱环节和风险隐患暴露较为充分的前沿地带,在补足短板、防范风险等方面大有可为。

(一)服务实体经济和国家战略的能力不断提升

证券市场方面,依托于浙江省人民政府“凤凰行动”计划、“小微企业三年成长计划”,以及“推动大众创业、万众创新战略”“三转一市”“市场主体提升”等工作部署,各级地方政府及相关部门对推动企业对接多层次资本市场的重视程度前所未有,浙江企业对接资本市场的政策环境更加有利,参与资

本市场、利用资本市场的意识和能力大大提高，上市挂牌企业队伍将继续壮大；在上海证券交易所设立科创板并试点注册制以及沪深交易所试点创新企业存托凭证相关的政策推动下，浙江符合条件的创新企业可以在科创板上市、在沪深交易所发行股票或存托凭证，融资渠道进一步拓宽。交易所债券市场方面，随着证监会多项便利直接融资的政策措施出台，浙江企业可更加灵活运用可转债、公司债券创新产品等多元化直接融资工具以及信用风险缓释凭证等债券融资支持工具，以市场化方式扩大企业融资规模，降低融资成本。私募基金行业方面，在浙江省《关于规范政府产业基金运作与管理的指导意见》等一系列制度法规的推动下，产业引导基金等股权投资基金通过资本的正向选择机制，将进一步发挥经济转型助推器作用。地方交易场所方面，随着清理整顿交易场所“回头看”后续工作的推进、浙江股权交易中心集团化架构调整的完成，股权交易中心有望在科创板建设、企业规范培育、融资产品创新等领域进一步发挥作用。

（二）证券期货基金经营机构向优质化方向发展

证券基金经营机构是联结资本市场投、融资双方的专业服务机构，在服务实体经济、纾困民营企业、保护投资者权益等方面大可作为。期货市场方面，随着浙江省期货经营机构深入探索借助期现结合等方式帮助实体企业开展风险管理，实现降本增效，期货市场服务实体企业的广度和深度不断提升。2019年，在市场环境的积极引导下，证券基金期货经营机构将更注重以客户为需求，以服务和专业能力创造价值，更好地满足居民多样化的财富管理需求。

（三）市场环境日趋复杂，风险防控难度增加

当前，资本市场风险防控工作面临的形势依然复杂严峻。从浙江省的市场情况看，突出表现在以下方面：一是浙江上市、挂牌公司数量多，证券期货市场体量大，场外市场发展较快，公司债券市场、私募基金市场等在市场整体格局中的分量逐年上升。二是浙江民营经济发达，上市公司中民营企业占比超过八成，股东股票质押、“三高”并购导致企业商誉金额暴增，中美

贸易摩擦,融资难、融资贵,企业所有权转移等蕴含较大风险。三是新业务、新领域的风险不断集聚。近年来,在各类财富管理与跨界金融活跃发展的背后,各类新金融业态野蛮生长、合规内控意识不强,在市场整体风险袭来时,新金融风险集中爆发并向资本市场各领域渗透传导的形势较为严峻。2019年,要全力打好防范化解重大金融风险的攻坚战,对各类风险苗头审慎高效应对,切实守住不发生区域性、系统性金融风险的底线,有效维护浙江省经济社会平稳健康发展。

(本报告由中国证监会浙江监管局提供)

第五章　2018年度浙江省保险业发展报告

一、2018年度浙江省保险业运行总体状况

2018年，浙江省（含宁波，下同）实现保费收入2273.2亿元，全国排名第四位，同比增长5.9%，增速高于全国平均水平2.0个百分点。为社会提供风险保障665.4万亿元，支付各类赔款及给付762.1亿元。截至2018年末，全省保险公司资产共计4837.8亿元。

全省共有各类保险主体87家，其中总公司5家，农村保险互助社4家。按业务性质划分，财产险公司37家，人身险公司46家，农村保险互助社4家；按资本属性划分，中资64家，外资23家。

（一）财产险公司保费平稳增长

全省财产险公司实现保费收入880.9亿元，保费规模居全国第三，同比增长10.3%，较上年同期上升0.3个百分点，低于全国1.2个百分点。

（二）非车险驱动显著增强，业务结构持续调整

非车险实现保费收入262.7亿元，同比增长26.4%；车险实现保费收入618.2亿元，同比增长4.6%。非车险与车险保费比为3:7，非车险占比较上年底上升3.9个百分点。非车险各险种中，货运险、健康险和保证险增长突出，同比分别增长50.4%、79.3%和84.2%；企财险、责任险同比分别增长6.8%和20.2%。

(三)财产险公司经营效益全国居前,盈利空间有所缩窄

全省财产险公司实现承保利润23.1亿元,全国排名第四位,承保利润率3.0%,高于全国3.1个百分点,全国排名第20位。从指标看,全省财产险公司综合成本率、综合赔付率、综合费用率、手续费用率分别为97.0%、63.9%、33.2%、17.7%,同比分别上升2.4、0.8、1.7、4.4个百分点,分别低于全国3.1、-4.5、7.6、1.0个百分点。

(四)人身险公司业务企稳回升,增速大幅放缓

全省人身险公司实现保费收入1392.3亿元,同比增长3.3%,增速较上年同期下降24个百分点。其中,寿险业务1114.1亿元,同比增长2.3%,增速较上年同期下降30.1个百分点;健康险业务237.3亿元,同比增长6.4%,增速较上年同期下降3.6百分点;意外险业务40.9亿元,同比增长13.5%,增速较上年同期上升5个百分点。投资型业务(投资款本年新增交费)实现收入406.7亿元,同比增长15.0%,增速较上年同期上升88.5个百分点。

(五)业务结构持续优化,调整初显成效

一是增长动能转为续期驱动。全省续期保费收入852.0亿元,同比增长35%,续期保费占比61.2%,较上年同期上升14.4个百分点。二是缴费结构优化。期缴业务成为保费增长的主要驱动力,新单期缴率为56.4%,高于全国8.7个百分点,较上年同期上升11.4个百分点。三是业务渠道逐步转型。内涵价值较高的个人代理渠道业务保费收入919.9亿元,同比增长17.2%,渠道占比66.1%,较上年同期上升7.9个百分点。四是主要产品转换。分红型寿险保费收入671.3亿元,同比增长33.9%,险种占比达48.2%,占比较上年同期上升11.0个百分点。

(六)保险保障功能进一步发挥,服务民生能力增强

一是保障水平快速提高。财产险公司为社会提供风险保障612.1万亿元,同比增长247.7%;高频高保障低保费产品大幅增加,其中意外险提供风

险保障486.8万亿元，同比增长604.2%。人身险公司为社会提供风险保障53.3万亿元，同比增长66.9%；有效承保2.3亿人次，同比增长15.4%。

二是赔付力度持续加大。财产险公司累计赔付支出513.9亿元，同比增长15.0%，较上年同期上升10.3个百分点。人身险公司累计赔付支出248.1亿元，同比增长20.1%。

三是服务实体经济成效显著。第一，服务民营企业高质量发展。2018年，小额贷款保证保险累计帮助近9000家次小微企业获得贷款约16亿元（本段数据不含宁波）。保单质押贷款年底余额约300亿元。关税保证保险为进口企业释放关税保证金超过3亿元。出口信用保险支持了1.2万余家次企业近700亿美元的出口值。第二，助推脱贫攻坚和民生保障。推动农业保险提质增品扩面，新增生姜气象指数保险等地方特色险种7个，共开办65个农业保险品种，向近15万户次农户赔付约5亿元。持续推进保险机构承办大病保险项目，已覆盖63个县（市、区）近3500万人次，大病保险目录中新纳入21个特殊药品，向近35万人次赔付或报销总额近7亿元。第三，促进社会治理现代化。大力发展重点领域的责任保险，全年提供各类责任保险风险保障超过8万亿元。

（七）区域集中度基本稳定，各地区速差有所收窄

保费规模前三位地区占比基本稳定，杭州、宁波、温州三市保费收入1248.8亿元，占全省总保费收入的54.9%，与上年同期持平。各地市发展趋向均衡。舟山增速最快，达12.9%，绍兴增速最慢，为1.2%。增速峰谷极差为11.7个百分点，较上年同期降低4.6个百分点。

二、2019年度浙江省保险业发展展望

（一）浙江财险业运行形势基本判断

在新时代背景下，我国经济发展方式已从高速度增长转变为高质量发展。财险业的高质量发展，是适应经济发展新常态的必然要求，是适应经济

运行规律的必然选择。浙江财险业的高质量发展机遇与挑战并存。

一是车险市场竞争加剧,市场增量有限。近年来,新车销售已呈负增长,车险业务增速长期在低位徘徊,市场竞争更加激烈,费用水平居高不下。随着商车费改在全国范围内的不断深化,加上交通基础设施的改善,车辆出险频率大幅下降,更多的客户能够享受到优惠的车险价格,浙江省财险业整体车险保费或将进一步下降。

二是新经济、新业态对财险业冲击加剧。2019年行业发展会出现转折,很多专注细分市场的非车险商业模式会出现。行业对外开放加速,在新经济、新技术和新政策加持下,自保、互保、互联网保险等新业态风生水起,在创新激发需求、扩展市场容量的同时,对行业竞争格局形成冲击。

三是新科技或成财险业破局关键。近年来,对以大数据、云计算、区块链、量子计算为代表的相关数字技术和以人工智能、新材料、3D打印为代表的物理技术的培育渐成气候,新科技或将助力浙江财险业发生突破性的改变。

(二)浙江省人身险业运行形势基本判断

一是人身险公司发展模式出现拐点,从被动的风险承担者向主动的风险管理者转变。过去人身险公司多在风险发生时为客户提供财务补偿和风险保障,随着居民保险意识的觉醒和保险需求的升级,基本的财务补偿已经无法满足客户的需要。人身险公司通过延伸价值链,为客户提供健康、养老、医疗、教育等方面的服务,帮助客户主动管理风险,改变风险发生概率,从而实现由被动的风险承担向主动的风险管理转变。

二是产品发展出现拐点,进入保障型产品的发展时期。2018年健康险、意外险等保障型险种涨幅较大,预计2019年甚至2020年,这种行业发展态势仍会延续,理财型产品占比将持续下降,健康险、养老年金占比将呈上升趋势,但完成这种转型需要几年的时间。

三是交费年期出现拐点,进入短期、中期交费为主的时期。当前行业已经逐步认识到趸交保费和期交保费对公司持续发展能力的影响,主动调整业务结构。2018年行业趸交保费占比开始下降,2019年此种态势将延续,与此同时,短期、中期期交业务量将上升。期交保费将逐渐成为主要的交费方式，这种业务结构调整在未来几年也将逐渐取得显著成效。

四是保费增长出现拐点，进入放缓增长时期。受产品、交费年期变化影响，或被动或主动的行业转型已经初见成效，体现为续期保费开始在总保费中占据越来越高的比例，人身险公司保费增长不再主要依靠首年保费。未来，首年保费可能将处于负增长或缓慢增长状态。

（本报告由中国银保监会浙江监管局提供）

第六章　2018年度浙江省小额贷款行业发展报告

2018年，浙江省小额贷款（以下简称小贷）行业坚持合规与创新并举，稳健有序发展，在支持小微企业、“三农”以及地方经济发展中发挥积极作用。截至2018年底，全省330家小贷公司注册资本金总额578亿元，所有者权益总计629亿元，融资余额66亿元（其中银行融资16亿元），可贷资金规模695亿元，贷款余额679亿元，共计贷款21万笔，服务客户17万户。

一、2018年度浙江省小贷行业总体运行状况

（一）贷款规模基本稳定，“支农支小”力度增强

2018年，全省小贷公司累放贷款1163亿元，年末贷款余额为679亿元，较2017年底略降3%。其中，“支农支小”累放贷款517亿元，年末贷款余额为384亿元，较2017年底增长21%，对小微企业和“三农”的融资贡献不断增加。截至2018年底，小贷公司已设立31家乡镇分支机构，实现民间资本“下乡”。

（二）贷款利率基本稳定，经营效益持续增长

2018年，全省小贷公司每月贷款利率波动不大，年末平均年化贷款利率15.57%，较2017年底略降0.43%。小贷公司整体经营水平良好，优劣分化显著。全省小贷公司实现营业总收入62亿元，上缴增值税和所得税9亿元，实现净利润16亿元，较2017年增长0.4%。

（三）风险拨备覆盖增强，严控新增不良贷款

全省小贷公司的风险防控意识普遍增强，2018年末风险拨备覆盖率为40%，较2017年底提高了3个百分点。同时加快不良贷款核销处置，审慎发放新增贷款，推进不良贷款控新化旧进程。2018年末不良贷款率与2017年底基本持平。

（四）负债率保持稳定，融资渠道多元化

截至2018年末，全省小贷公司资产总额713亿元，负债总额84亿元，资产负债率为11.8%，与2017年底基本持平。融资主要来源于股东和银行借款，同时也通过与资本市场的对接拓展了新的融资渠道。其中，股东定向借款37亿元，银行借款16亿元，同业借款2亿元，债券融资1.7亿元，资产证券化产品融资1.6亿元。

二、浙江省小贷行业监管与发展情况

（一）普惠金融越做越精

一是下沉服务网点，在乡镇设立分支机构，实现民间资本“下乡”。二是探索微贷技术，充分利用“本乡本土”和“地缘人缘”优势，既看产品也看人品，既看报表也看水表、电表与税表，不断开发有针对性、实用性的微贷技术。三是优化微贷服务，注重细分市场、深挖客户、上门营销、急需急办、随贷随还，让小微企业、农户等体验贴心优质服务。

（二）风险防控越做越稳

一是处置不良贷款，提升资产质量。采取法律诉讼、打包转让、呆账核销等多种方式进行不良贷款处置，防止风险越滚越大。全年全省小贷公司共处置不良贷款21亿元。二是排查风险隐患，提前做好防范。进行现场检查，评估风险情况，对发现问题的公司责令限期整改，对问题严重难以整改

的公司制定退出计划。试点以来,共有21家小贷公司平稳退出。

(三)"瘦身体检"越做越实

一是开展网络小贷清理。根据国家网贷整治的统一部署,对与互联网企业合作开展网贷业务的小贷公司进行严格整治检查。二是积极开展审计,特别是对有网贷合作业务的小贷公司逐一进行审计,提升企业合规意识,防范网贷业务风险。

(四)创新发展越做越新

一是拓展融资渠道,积极对接资本市场,通过发债、资产证券化等多种方式扩大资金规模。2018年,浙江省有3家小贷公司通过发行债券融资1.7亿,2家小贷公司通过发行资产证券化产品融资1.6亿。二是"科技自助贷"平台创新,为小贷公司获客、催收、风控提供线上增值服务。2018年浙江省已上线83家平台,年末贷款余额4亿元,客户数9370户,平均年化贷款利率16.24%,不良贷款率1.75%,均为"支农支小"贷款。

三、浙江省小贷行业存在的主要问题

(一)税收减免力度小

虽然"对金融机构农户小额贷款利息收入免征增值税"这项优惠政策的实施范围已扩大到小贷公司,但认定标准较低(10万元以下,银行等金融机构可以享受"向小微企业和个体工商户单户授信500万元以下免征增值税"的优惠政策),且操作程序复杂,小贷公司普遍反映较难受益。"营改增"后,小贷公司整体税负增加,财税扶持弱,难以形成正向激励机制。

(二)缺乏持续的可贷资金补充机制

一是实际融资规模受限。目前小贷公司融资主要来源于股东借款,银行融资困难,发行债券或资产证券化产品的要求又比较高,也没有畅通的同业拆借渠道。二是缺乏市场化处置不良的渠道。单个小贷公司由于不良资产数量有限以及质量参差不齐,导致打包处置不良资产受到诸多限制。

(三)股东不稳定因素增加

受整体经济环境影响,部分小贷公司的股东自身经营效益下降,陷入经营困局,无力顾及小贷公司发展。一些小贷公司股东为盘活资金将所持有的小贷公司股权出质冻结,一些小贷公司股东陷入债务危机甚至破产,牵连旗下小贷公司。

四、2019年度浙江省小贷行业发展重点

(一)着力化解不良风险

加大对经营困难或已经出险的小贷公司的重组力度,鼓励实施小贷行业兼并重组,积极盘活存量资产,提高运营效率。比照银行业金融机构,强化小额贷款公司金融债权保障力度,畅通司法诉讼“绿色通道”,加大对恶意逃废债行为的打击力度。

(二)特色化专业化发展

坚持以服务“三农”和小微企业为宗旨,推进普惠金融服务理念、技术和制度的创新发展,采取与银行的差异化定位和发展战略,支持小贷公司探索业务模式转型,形成具有小贷行业特色的微贷技术和风控体系,促进小贷行业可持续发展。

(三)合作发展追求共赢

加强与其他金融机构的对接合作,发挥各自优势,探索开发新型普惠金融产品,推动在支付结算、供应链金融、个人理财等领域的深度合作。创新与资产管理公司的合作形式,探索小贷公司批量化不良转让模式。

(本报告由浙江省地方金融监管局提供)

第七章　2018年度浙江省股权投资行业发展报告

一、2018年度浙江省私募股权投资市场发展概况

（一）2018年浙江省地区宏观经济发展分析

从整个经济运行态势来看，2018年浙江省经济“稳”字打头，波动较小，地区生产总值拉出了一根稳健运行的曲线。根据2019年浙江省《政府工作报告》，2018年，全省生产总值超5万亿大关，稳居全国第四，按可比价格计算，比上年增长7.1%，增速比全国高0.5个百分点。数据显示，浙江省人均生产总值达98643元（合14907美元），比上年增长7.2%。分产业看，第一产业增加值1967亿元，增长1.9%；第二产业增加值23506亿元，增长6.7%；第三产业增加值30724亿元，增长7.8%。三次产业对生产总值的增长贡献率分别为1.0%、42.8%和56.2%。三次产业增加值比例由2017年的3.7∶43.0∶53.3调整为2018年的3.5∶41.8∶54.7。

（二）2018年浙江省地区股权投资政策环境分析

2018年，为支持股权投资发展，国家出台了一系列政策和规范文件。2018年3月，国家出台减税政策，为股权投资提供优惠政策。2018年4月，资管新规发布，金融监管日趋严格，股权投资资金端面临“大浪淘沙”。2018年9月26日，国务院发布《关于推动创新创业高质量发展打造“双创”升级版的意见》，允许科技企业实行“同股不同权”治理结构。2018年11月5日，国家

主席习近平在首届中国国际进口博览会开幕式上宣布将在上海证券交易所设立科创板并试点注册制。

浙江省积极应对国内股权投资市场变革。2018年7月18日浙江省国企改革发展基金(以下简称国改基金)正式发布,国改基金首期规模100亿元,锁定浙江省改革发展主题,引入市场化的投资决策和激励约束机制,顺应“凤凰行动”计划、资产证券化以及混合所有制改革,重点投向资产证券化项目、混合所有制改革项目、上市公司并购重组项目和浙江省八大万亿产业等四大方向。

为配合全国“双创”升级版的推进,浙江省经信委组织制定了《浙江省制造业“双创”平台培育实施方案》(浙经信信息〔2018〕23号)并提出主要目标及任务,到2020年建成制造业“双创”新生态,基本形成新型制造体系,建设一批具有影响力的制造业“双创”平台,在要素汇聚、能力开放、模式创新、区域合作四大领域,培育创建20个国家级制造业“双创”平台试点示范项目、100个省级试点示范项目,形成10个以上制造业“双创”示范区(示范基地)。

为加强浙江省转型升级产业基金的运作与管理,加快推动创业创新和产业转型升级,2019年3月4日,浙江省财政厅发布了《浙江省财政厅关于印发浙江省转型升级产业基金管理办法的通知》(浙财企〔2019〕4号),对相关基金的组织架构、运作模式等做出规定。

(三)浙江省股权投资业发展特点

1. 积极拥抱新经济,推动“同股不同权”

2018年9月26日,国务院发布《关于推动创新创业高质量发展打造“双创”升级版的意见》(国发〔2018〕32号),在第二十六条中明确提出:推动完善公司法等法律法规和资本市场相关规则,允许科技企业实行“同股不同权”治理结构。在企业进行股权融资、创始人持有股份持续被稀释过程中,“同股不同权”制度保障创始人仍可掌握公司控制权。投资机构通常更注重短期利益,而创始团队更重视企业的长期价值提升,因此创始人把控话语权更有助于企业的长期发展。

浙江省民营企业与科技创新型企业众多,互联网经济发达,在积极探索推动“同股不同权”制度的道路上,具有先天的动力和优势。阿里巴巴是典型的“同股不同权”的企业,阿里合伙人制度正是来源于此。“同股不同权”在资本市场上已不新鲜,美国双层股权制度也已经发展得相对成熟。但很多国家仍然坚持“同股同权”制度,对于“同股不同权”的争议也未曾断绝。从此次国务院层面对“同股不同权”制度的明确鼓励,可见国家拥抱新经济、希望将科技企业留在A股的积极态度。

2. “双创”再度升级,服务小微企业

浙江省一直走在“双创”的最前沿。浙江省推动科技与金融深度结合,通过不断深化金融服务政策,完善金融创新产品链,实现财政扶持资金的机制市场化、效果金融化和方式杠杆化,有效提升了财政资金的引导放大作用,让小微企业在投融资的道路上越走越宽、越走越顺。浙江省2018年8月14日印发《浙江省人民政府关于强化实施创新驱动发展战略深入推进大众创业万众创新的实施意见》(浙政办发〔2018〕31号),推动浙江省大众创业万众创新向更大范围、更高层次、更深程度上发展,为浙江省建立形式多样、各具特色的金融产品,支持小微企业创业创新提供了政策环境。

3. 乡村振兴战略,助力农村发展

2018年9月26日,中共中央、国务院印发《乡村振兴战略规划(2018—2022年)》,不仅描绘了新农村蓝图,更释放了相关行业的广阔市场;不仅定义了中国乡村的未来式,更为创新创业领域指明了未来重点关注方向。包括基建、农业科技、清洁技术、农产品电商和文化旅游等在内的一批细分领域蕴藏的增长势能有待相关企业和投资机构发掘释放。

为响应国家政策,浙江省委、省政府印发了《全面实施乡村振兴战略高水平推进农业农村现代化行动计划(2018—2022年)》,设立乡村振兴基金。浙江省乡村振兴基金具有“政策属性”“投资属性”“基金(金融)属性”。浙江省乡村振兴基金将紧紧围绕“乡村振兴”战略实施,充分调动各方力量,做好政府资本、金融资本、社会资本的有效引导结合,促进农村一二三产业融合发展,助力乡村振兴示范区建设,整合提升优势特色产业、打造品牌龙头企业,破解农业农村发展瓶颈,带动农业增效、农民增收。

（四）2018年浙江省股权投资机构现状概述

根据中国证券投资基金业协会（以下简称基金业协会）数据，截至2018年12月，共有约2890家注册于浙江省（含宁波地区，下同）的私募基金管理人在基金业协会登记。共管理私募基金8264只，管理基金规模达10893亿元人民币。其中2018年较2017年浙江省新增私募基金管理人430家，新增管理私募基金1485只，管理基金规模新增2176亿元人民币。

根据私募通数据统计，募资方面，2018年浙江省股权投资市场共新募集1025只基金，募集资金达1879.60亿元人民币，其中宁波市股权投资市场共新募集530只基金，募集资金达732.94亿元人民币；杭州市股权投资市场共新募集169只基金，募集资金达492.91亿元人民币；嘉兴市股权投资市场共新募集188只基金，募集资金达333.71亿元人民币。人民币基金在浙江省股权投资市场的主导地位依旧稳固。投资方面，截至2018年，浙江省股权投资市场共发生投资案例数量987起，涉及金额达到1755.69亿元人民币。从机构类型上来看，浙江的早期投资、创业投资（VC）、私募股权投资（PE）均在全国排在三到四名，投资环境较好。退出方面，2018年浙江省股权投资退出案例数量达到233起，其中被投企业IPO数量108起，企业IPO成为退出的主要渠道。

（五）2018年浙江省地区早期投资发展分析

1. 2018年浙江省早期投资募资分析

（1）浙江省早期投资机构募资总量分析

受2018年金融严监管带来的“募资寒冬”影响，2018年国内早期募资较往年有所下滑，募资基金数量和募资金额呈现双降态势。私募通数据显示，2018年全国募资基金数量为111只，其中披露金额的新募基金数量为107只，募资金额为181.90亿元人民币。浙江省早期机构新募基金数量为35只，其中披露金额的新募基金数量为32只，募资金额达41.92亿元，募资案例数和募资金额均居全国第一（见表7–1）。

表 7-1 2018 年浙江省早期投资机构募集总量与国内其他主要省市比较

地区	新募基金数(总数)/只	比例/%	新募基金数(披露金额)/只	募资金额/亿元	比例/%	平均每只新增资本量/亿元
浙江	35	31.53	32	41.92	23.05	1.31
深圳	16	14.41	16	29.95	16.47	1.87
广东(除深圳)	8	7.21	8	11.87	6.52	1.48
江苏	8	7.21	8	11.86	6.52	1.48
北京	6	5.41	6	8.87	4.87	1.48
福建	5	4.50	4	5.14	2.82	1.28
江西	4	3.60	4	7.48	4.11	1.87
上海	4	3.60	4	4.10	2.25	1.02
四川	3	2.70	3	1.90	1.04	0.63
其他	22	19.82	22	58.82	32.34	2.67
合计	111	100.00	107	181.90	100.00	1.70

数据来源：www.pedata.cn。

(2)浙江省早期投资机构募资币种分析

根据私募通数据，就募集币种来看，2018 年浙江省有 35 只早期投资基金完成募集，均为人民币基金。

(3)浙江省早期投资机构募资总量按地市分布分析

从浙江省早期投资机构募资情况来看，宁波市新募资基金数和募资金额在浙江省内均排在第一，杭州市紧随其后，排在第二。2018 年浙江省创业投资机构中宁波市新募基金数量为 24 只，占比 68.57%，在浙江省排名第一，已披露金额的新募基金数量为 21 只，募资金额 23.03 亿元，占比为 54.94%。杭州市新募集基金数量为 7 只，占比 20%，已披露金额的新募集基金数量为 7 只，募资金额为 15.04 亿元，比例达 35.87%(见表 7-2)。

表7–2　2018年浙江省早期投资机构募集总量按地市分布

城市	新募基金数（总数）/只	比例/%	新募基金数（披露金额）/只	募资金额/亿元	比例/%	平均每只新增资本量/亿元
宁波市	24	68.57	21	23.03	54.94	1.10
杭州市	7	20.00	7	15.04	35.87	2.15
嘉兴市	2	5.71	2	0.74	1.77	0.37
湖州市	1	2.86	1	0.61	1.46	0.61
舟山市	1	2.86	1	2.50	5.96	2.50
合计	35	100.00	32	41.92	100.00	1.31

数据来源：www.pedata.cn。

2. 2018年浙江省早期投资规模分析

（1）早期投资机构投资浙江省企业情况分析

受“募资寒冬”影响，2018年早期投资较为谨慎。私募通数据显示，2018年浙江省企业合计发生早期投资186起（即全国各地区机构投资浙江地区企业），仅次于北京、上海，在全国排名第三，占比10.36%，其中披露金额投资案例154起，合计投资金额12.52亿元（见表7–3）。

表7–3　2018年浙江省早期投资总量与国内其他主要省市比较

地区	投资案例数（总数）/起	比例/%	投资案例数（披露金额）/起	投资金额/亿元	比例/%
北京	650	36.21	547	55.19	38.74
上海	341	19.00	289	25.91	18.19
浙江	186	10.36	154	12.52	8.79
深圳	154	8.58	129	9.15	6.42
广东（除深圳）	92	5.13	77	9.92	6.97
江苏	68	3.79	58	4.16	2.92
四川	59	3.29	51	2.78	1.95
福建	47	2.62	36	3.59	2.52

续表

地区	投资案例数（总数）/起	比例/%	投资案例数（披露金额）/起	投资金额/亿元	比例/%
安徽	45	2.51	42	3.36	2.36
湖北	41	2.28	37	4.37	3.06
陕西	19	1.06	17	1.00	0.70
其他	93	5.18	76	10.51	7.37
合计	1795	100.00	1513	142.45	100.00

数据来源：www.pedata.cn。

(2)早期投资机构投资浙江省企业情况按行业分布分析

从2018年早期投资机构投资浙江省企业的情况来看，浙江省早期投资的行业集中度非常高，大量的投资集中于IT和互联网行业。浙江是阿里、网易等互联网巨头企业的总部，在这些互联网企业的带动下，浙江发展了一大批IT和互联网行业的创业公司，互联网行业在浙江发展迅速。私募通数据显示，2018年浙江省早期投资被投企业行业分布中IT行业投资案例数最高，达59起，占比31.72%，投资金额为4.47亿人民币。其次为互联网行业，投资案例数为50起，占比26.88%，投资金额为3.69亿人民币(见表7–4)。

表7–4 2018年浙江省早期投资行业分布

行业	投资案例数（总数）/起	比例/%	投资案例数（披露金额）/起	投资金额/亿元	比例/%
IT	59	31.72	47	4.47	35.71
互联网	50	26.88	43	3.69	29.46
生物技术/医疗健康	18	9.68	15	1.22	9.73
金融	12	6.45	8	0.36	2.86
电信及增值业务	11	5.91	9	0.40	3.21
教育与培训	7	3.76	6	1.00	7.96
娱乐传媒	7	3.76	6	0.25	2.02
连锁及零售	6	3.23	6	0.30	2.38

续表

行业	投资案例数（总数）/起	比例/%	投资案例数（披露金额）/起	投资金额/亿元	比例/%
机械制造	5	2.69	5	0.25	1.96
电子及光电设备	4	2.15	2	0.06	0.48
半导体	1	0.54	1	0.04	0.32
纺织及服装	1	0.54	1	0.01	0.08
化工原料及加工	1	0.54	1	0.08	0.64
清洁技术	1	0.54	1	0.03	0.24
食品&饮料	1	0.54	1	0.03	0.24
物流	1	0.54	1	0.33	2.66
其他	1	0.54	1	0.01	0.04
合计	186	100.00	154	12.52	100.00

数据来源：www.pedata.cn。

(3)早期投资机构投资浙江省企业情况按投资轮次分布分析

私募通数据显示，2018年早期投资机构投资浙江省企业中天使轮投资案例数量达97起，占比为52.15%，其中披露金额的案例数为83起，天使轮投资金额合计为4.99亿元，占比为39.87%，均高于其他投资轮次。A轮投资案例数为52起，排名第二，占比为27.96%，投资金额为4.29亿人民币（见表7–5）。

表7–5　2018年早期投资机构投资浙江省情况按投资轮次分布

轮次	投资案例数（总数）/起	比例/%	投资案例数（披露金额）/起	投资金额/亿元	比例/%
天使轮	97	52.15	83	4.99	39.87
A	52	27.96	38	4.29	34.28
Pre–A	25	13.44	24	1.57	12.54
B	10	5.38	7	1.30	10.40

续表

轮次	投资案例数(总数)/起	比例/%	投资案例数(披露金额)/起	投资金额/亿元	比例/%
C	1	0.54	1	0.31	2.51
新三板定增	1	0.54	1	0.05	0.40
合计	186	100.00	154	12.52	100.00

数据来源：www.pedata.cn。

3. 2018年浙江省早期投资退出概况

(1)浙江省早期投资机构退出总量分析

2018年各地早期投资退出情况来看，北京和上海依旧是退出情况最为良好的地区，浙江紧随其后排名第三。值得注意的是，随着科创板的推出，我国多层次资本市场进一步完善，为投资机构退出带来重大利好，未来投资机构退出情况或将进一步好转。私募通数据显示，2018年浙江早期投资退出案例数14起，占全国整体退出案例数比重为8.43%，全国排名第三(见表7–6)。

表7–6 2018年浙江省早期投资退出总量与国内其他主要省市比较

地区	退出案例数/起	比例/%
北京	54	32.53
上海	45	27.11
浙江	14	8.43
四川	12	7.23
深圳	11	6.63
江苏	9	5.42
广东(除深圳)	6	3.61
福建	4	2.41
湖北	3	1.81
其他	8	4.82
合计	166	100.00

数据来源：www.pedata.cn。

（2）浙江省早期投资退出方式分析

2018年浙江省早期投资退出方式较为集中，以股权转让方式退出为主，在A股IPO审核态势趋严和新三板挂牌数量明显下降的大环境下，股权转让成为浙江省早期投资退出最为热门的方式。2018年浙江省早期投资所投企业退出发生了14起，其中股权转让退出案例数为9起，占比达64.29%（见表7–7）。

表7–7　2018年浙江省早期投资退出按退出方式分布

退出方式	退出案例数/起	比例/%
股权转让	9	64.29
IPO	3	21.43
回购	1	7.14
新三板挂牌	1	7.14
合计	14	100.00

数据来源：www.pedata.cn。

（3）浙江省早期投资退出行业分布分析

从退出行业来看，浙江省2018年早期退出行业集中度非常高，主要集中在互联网和娱乐传媒行业，两个行业合计退出案例数占全部案例数的57.14%。其中，互联网行业退出5起，占比35.71%，其次为娱乐传媒行业退出3起，占比21.43%（见表7–8）。

表7–8　2018年浙江省早期投资退出行业分布

行业	退出案例数/起	比例/%
互联网	5	35.71
娱乐传媒	3	21.43
IT	2	14.29
金融	2	14.29
电信及增值业务	1	7.14

续表

行业	退出案例数/起	比例/%
机械制造	1	7.14
合计	14	100.00

数据来源:www.pedata.cn。

(六)2018年浙江省地区创业投资(VC)发展分析

1. 2018年浙江省创业投资(VC)募集分析

(1)浙江省创业投资(VC)机构募资总量分析

根据私募通统计,2018年共有162只注册在浙江省的创业投资(VC)基金发生募资,数量全国排名第一,占比22.10%,披露金额的新募集基金数量为126只,募资金额为473.39亿人民币(见表7-9)。

表7-9 2018年浙江省创业投资募集总量与国内其他主要省市比较

地区	新募基金数(总数)/只	比例/%	新募基金数(披露金额)/只	募资金额/亿元	比例/%	平均每只新增资本量/亿元
浙江	162	22.10	126	473.39	15.65	3.76
江苏	120	16.37	114	388.20	12.83	3.41
深圳	99	13.51	99	440.87	14.57	4.45
广东(除深圳)	47	6.41	42	108.29	3.58	2.58
上海	39	5.32	39	74.57	2.47	1.91
江西	35	4.77	35	63.62	2.10	1.82
山东	26	3.55	21	41.23	1.36	1.96
湖北	25	3.41	22	34.82	1.15	1.58
福建	19	2.59	18	16.70	0.55	0.93
北京	16	2.18	16	48.55	1.60	3.03
安徽	14	1.91	11	63.29	2.09	5.75

续表

地区	新募基金数（总数）/只	比例/%	新募基金数（披露金额）/只	募资金额/亿元	比例/%	平均每只新增资本量/亿元
四川	13	1.77	12	25.41	0.84	2.12
其他	118	16.10	100	1246.01	41.19	12.46
合计	733	100.00	655	3024.96	100.00	4.62

数据来源：www.pedata.cn。

（2）浙江省创业投资（VC）机构募资按币种分布分析

根据私募通统计，就新募集币种来看，2018年注册在浙江省的162只创业投资募集的基金，均为人民币基金。

（3）浙江省创业投资（VC）机构募资总量按地市分布分析

私募通数据显示，2018年浙江省创业投资机构中宁波市新募基金数量为78只，占比48.15%，在浙江省排名第一，已披露金额的新募基金数量为61只，募资金额104.03亿元，占比为21.97%。杭州市新募集基金数量为34只，占比20.99%，已披露金额的新募集基金数量为25只，募资金额为299.04亿元，比例达63.17%（见表7–10）。

表7–10　2018年浙江省创业投资机构募集总量按地市分布表

城市	新募资基金数（总数）/只	比例/%	新募资基金数（披露金额）/只	募资金额/亿元	比例/%	平均每只新增资本量/亿元
宁波市	78	48.15	61	104.03	21.97	1.71
杭州市	34	20.99	25	299.04	63.17	11.96
嘉兴市	23	14.20	19	14.79	3.12	0.78
绍兴市	9	5.56	7	23.72	5.01	3.39
湖州市	6	3.70	6	6.56	1.38	1.09
其他市	12	7.41	8	25.26	5.34	3.16
合计	162	100.00	126	473.39	100.00	3.76

数据来源：www.pedata.cn。

2. 2018年浙江省创业投资(VC)规模分析

(1)创业投资(VC)机构投资浙江省企业情况分析

投资方面,浙江省企业发生创业投资420起(即全国各地区机构投资浙江地区企业),在全国排名第四,占比9.72%,其中已披露交易金额的投资案例为343起,共计发生投资金额为259.53亿元。北京以1183起投资案例位列全国第一,占比为27.38%,已披露金额的投资案例数为973起,投资金额总计632.66亿元(见表7–11)。

表7–11 2018年浙江省创业投资机构投资情况与国内其他主要省市比较

地区	投资案例数(总数)/起	比例/%	投资案例数(披露金额)/起	投资金额/亿元	比例/%
北京	1183	27.38	973	632.66	29.87
上海	781	18.07	669	426.67	20.15
深圳	508	11.76	461	205.36	9.70
浙江	420	9.72	343	259.53	12.25
江苏	371	8.59	320	155.90	7.36
广东(除深圳)	297	6.87	273	149.57	7.06
湖北	99	2.29	77	26.52	1.25
四川	93	2.15	81	23.94	1.13
福建	80	1.85	69	21.39	1.01
山东	78	1.81	73	36.23	1.71
其他	411	9.51	368	180.22	8.51
合计	4321	100.00	3707	2117.97	100.00

数据来源:www.pedata.cn。

(2)创业投资(VC)机构投资浙江省企业按行业分布分析

私募通数据显示,2018年浙江省创业投资被投企业行业分布中,IT行业被投数量最多,被投案例达113起,占比26.90%,涉及总投资额达到41.68亿元人民币,占比16.06%。互联网行业被投案例和生物技术/医疗健康被投案例数次之,均为74起,占比17.62%。其中,互联网行业涉及总投资额达64.93

亿人民币，占比25.02%；生物技术/医疗健康涉及总投资额达28.12亿人民币，占比10.84%（见表7–12）。

表7–12　2018年浙江省创业投资机构投资行业分布

行业	投资案例数（总数）/起	比例/%	投资案例数（披露金额）/起	投资金额/亿元	比例/%
IT	113	26.90	89	41.68	16.06
互联网	74	17.62	62	64.93	25.02
生物技术/医疗健康	74	17.62	65	28.12	10.84
电信及增值业务	24	5.71	19	16.51	6.36
机械制造	21	5.00	19	4.39	1.69
金融	21	5.00	16	39.60	15.26
娱乐传媒	21	5.00	14	3.16	1.22
清洁技术	11	2.62	8	2.64	1.02
连锁及零售	10	2.38	8	1.80	0.69
汽车	10	2.38	7	20.13	7.76
教育与培训	9	2.14	8	1.61	0.62
化工原料及加工	8	1.90	7	1.61	0.62
半导体	4	0.95	3	1.12	0.43
纺织及服装	4	0.95	4	0.42	0.16
物流	4	0.95	4	15.21	5.86
电子及光电设备	3	0.71	1	0.17	0.07
建筑/工程	3	0.71	3	15.32	5.90
房地产	1	0.24	1	0.10	0.04
食品&饮料	1	0.24	1	0.50	0.19
其他	2	0.48	2	0.20	0.08
未披露	2	0.48	2	0.31	0.12
合计	420	100.00	343	259.53	100.00

数据来源：www.pedata.cn。

(3)创业投资(VC)机构投资浙江省企业按投资轮次分析

2018年浙江省在创业投资方面,投资阶段处于A轮的案例数量最多,达172起,占比为40.95%,披露金额的投资案例数量为139起,投资金额总计81.52亿元,占比为31.41%。数据显示,天使轮、A轮、B轮等中早期轮次的投资案例数较多,更受创业投资青睐(见表7-13)。

表7-13 2018年浙江省创业投资按投资轮次分布

轮次	投资案例数（总数）/起	比例/%	投资案例数（披露金额）/起	投资金额/亿元	比例/%
A	172	40.95	139	81.52	31.41
天使轮	84	20.00	61	6.53	2.52
B	61	14.52	49	33.63	12.96
Pre-A	31	7.38	27	9.39	3.62
C	27	6.43	24	66.64	25.68
新三板定增	25	5.95	25	6.18	2.38
D	8	1.90	7	29.92	11.53
上市定增	3	0.71	3	6.32	2.44
种子轮	3	0.71	2	0.16	0.06
A+	2	0.48	2	2.07	0.80
B+	1	0.24	1	0.27	0.10
E	1	0.24	1	0.10	0.04
F	1	0.24	1	16.58	6.39
未披露	1	0.24	1	0.21	0.08
合计	420	100.00	343	259.53	100.00

数据来源:www.pedata.cn。

3. 2018年浙江省创业投资(VC)退出分析

(1)浙江省创业投资(VC)机构退出总量分析

私募通数据显示,2018年浙江省创业投资退出案例为94起,占全国创业投资退出案例总数的8.95%,位于全国第五。北京、上海创业投资退出案例数量分别为243起和180起，分别位列全国第一、第二，远高于国内其他地区（见表7–14）。

表7–14 2018年浙江省创业投资退出总量与国内其他主要省市比较

地区	退出案例数/起	比例/%
北京	243	23.14
上海	180	17.14
江苏	133	12.67
深圳	123	11.71
浙江	94	8.95
广东（除深圳）	64	6.10
四川	27	2.57
安徽	20	1.90
湖北	20	1.90
其他	146	13.90
合计	1050	100.00

数据来源：www.pedata.cn。

（2）浙江省创业投资（VC）退出方式分析

由于新三板扩容速度放缓、IPO审核加快，更多企业选择争取IPO上市机会从而退出投资，2018年浙江省创业投资退出主要以IPO方式退出。2018年浙江省创业投资所投企业退出发生了94起，其中IPO退出46起，占比达48.94%（见表7–15）。

表7–15 2018年浙江省创业投资（VC）退出按退出方式分布

退出方式	起数	比例/%
IPO	46	48.94
股权转让	23	24.47
并购	13	13.83

续表

退出方式	起数	比例/%
回购	7	7.45
借壳上市	3	3.19
新三板挂牌	2	2.13
合计	94	100.00

数据来源:www.pedata.cn。

(3)浙江省创业投资(VC)退出行业分布分析

从行业方面来看,浙江省2018年创业投资退出行业中,互联网行业达到34起,占比36.17%,其次为金融行业,退出15起,占比15.96%(见表7–16)。

表7–16 2018年浙江省创业投资(VC)退出行业分布

行业	起数	比例/%
互联网	34	36.17
金融	15	15.96
IT	10	10.64
生物技术/医疗健康	7	7.45
电子及光电设备	5	5.32
机械制造	5	5.32
娱乐传媒	5	5.32
清洁技术	4	4.26
能源及矿产	2	2.13
汽车	2	2.13
电信及增值业务	1	1.06
化工原料及加工	1	1.06
建筑/工程	1	1.06
其他	2	2.13
合计	94	100.00

数据来源:www.pedata.cn。

（七）2018年浙江省地区私募股权投资（PE）发展分析

1. 2018年浙江省私募股权投资（PE）募资分析

（1）浙江省私募股权投资（PE）机构募资总量分析

2018年，国际时局动荡，行业监管政策频发，国内经济进入调整期，私募股权投资市场募资面临巨大挑战。私募投资募资市场"僧多粥少"，募资市场资金紧张，新募基金数和募集资金较往年均有所下降。相较于国内紧张的募资形势，浙江在2018年私募投资市场的募资成绩优异，以828只新募基金数的成绩排名全国第一。

2018年，浙江省私募股权投资机构募集基金828只，占全国新募基金总数的29.65%，披露金额基金数为730只，募集资金1364.28亿元。深圳、广东（除深圳）分别位列全国第二、第三，新募基金数分别为292只和238只（见表7–17）。

表7–17　2018年浙江省私募投资机构募集总量与国内其他主要省市比较

地区	新募基金数（总数）/只	比例/%	新募基金数（披露金额）/只	募资金额/亿元	比例/%	平均每只新增资本量/亿元
浙江	828	29.65	730	1364.28	13.49	1.87
深圳	292	10.45	291	901.75	8.92	3.10
广东（除深圳）	238	8.52	231	801.43	7.93	3.47
江苏	218	7.81	216	899.73	8.90	4.17
江西	166	5.94	165	218.44	2.16	1.32
山东	135	4.83	135	406.90	4.02	3.01
上海	127	4.55	123	669.95	6.63	5.45
福建	89	3.19	87	281.40	2.78	3.23
北京	85	3.04	84	447.89	4.43	5.23
湖北	66	2.36	66	264.65	2.62	4.01
安徽	65	2.33	65	313.78	3.10	4.83

续表

地区	新募基金数(总数)/只	比例/%	新募基金数(披露金额)/只	募资金额/亿元	比例/%	平均每只新增资本量/亿元
其他	484	17.33	481	3540.34	35.02	7.36
合计	2793	100.00	2674	10110.55	100.00	3.78

数据来源：www.pedata.cn。

(2)浙江省私募股权投资(PE)机构募资币种分析

根据私募通数据显示，就募集币种来看，2018年注册在浙江省的新募集股权投资基金均为人民币基金，共计828只，新募集资本量达1364.28亿人民币，无新增外币基金(见表7–18)。

表7–18　2018年浙江省私募股权投资机构(PE)募集总量按币种分布

币种	新募基金数(总数)/只	比例/%	新募基金数(披露金额)/只	新增资本量/亿元	比例/%	平均每只新增资本量/亿元
人民币	828	100.00	730	1364.28	100.00	1.87
外币	0	0	0	0.00	0	0.00
合计	828	100.00	730	1364.28	100.00	1.87

数据来源：www.pedata.cn。

(3)浙江省私募股权投资(PE)机构募资按地市分布分析

在浙江省私募股权投资方面，2018年浙江省募集基金828只，其中宁波市新募基金数量达428只，占比51.69%，其中已披露金额的基金数量为368只，募资金额为605.88亿元，占比44.41%，在浙江各城市中位列第一，并且在新募基金数量及募资金额方面均远高于其他城市(见表7–19)。

表7–19　2018年浙江省私募股权投资机构(PE)募集总量按地市分布

城市	新募基金数(总数)/只	比例/%	新募基金数(披露金额)/只	募资金额/亿元	比例/%	平均每只新增资本量/亿元
宁波市	428	51.69	368	605.88	44.41	1.65
嘉兴市	163	19.69	148	318.18	23.32	2.15

续表

城市	新募基金数（总数）/只	比例/%	新募基金数（披露金额）/只	募资金额/亿元	比例/%	平均每只新增资本量/亿元
杭州市	128	15.46	115	178.83	13.11	1.56
湖州市	24	2.90	20	54.84	4.02	2.74
绍兴市	18	2.17	18	93.19	6.83	5.18
温州市	17	2.05	17	43.68	3.20	2.57
台州市	14	1.69	13	39.92	2.93	3.07
舟山市	12	1.45	8	11.87	0.87	1.48
其他市	24	2.90	23	17.89	1.31	0.78
合计	828	100.00	730	1364.28	100.00	1.87

数据来源：www.pedata.cn。

2. 2018年浙江省私募股权投资（PE）规模分析

（1）私募股权投资（PE）机构投资浙江省企业情况分析

随着经济环境的变化，全民私募时代告一段落，私募投资市场面临“大浪淘沙”，市场格局发生了一定的调整。从地域分布来看，北京凭借人才聚集优势、良好的创业氛围，依旧聚集着大量创业公司，北京的投资案例数和投资金额均遥遥领先。但是，浙江凭借着近几年良好的政策指引和经济优势，聚集了一批优秀企业，已然跻身私募投资机构投资的第一梯队。2018年浙江省企业合计发生私募股权投资381起，全国排名第四，其中披露金额投资案例为309起，合计投资金额为1483.64亿元（见表7-20）。

表7-20　2018年浙江省私募股权投资机构（PE）投资总量与国内其他主要省市比较

地区	投资案例数（总数）/起	比例/%	投资案例数（披露金额）/起	投资金额/亿元	比例/%
北京	1041	26.66	819	2545.88	29.85
上海	627	16.06	497	1448.29	16.98
深圳	396	10.14	335	367.25	4.31

续表

地区	投资案例数(总数)/起	比例/%	投资案例数(披露金额)/起	投资金额/亿元	比例/%
浙江	381	9.76	309	1483.64	17.40
江苏	315	8.07	263	694.42	8.14
广东(除深圳)	269	6.89	231	399.68	4.69
四川	113	2.89	90	139.71	1.64
山东	81	2.07	75	160.78	1.89
湖北	79	2.02	66	95.28	1.12
福建	76	1.95	60	63.73	0.75
其他	527	13.50	459	1128.96	13.24
合计	3905	100.00	3204	8527.64	100.00

数据来源:www.pedata.cn。

(2)私募股权投资(PE)机构投资浙江省企业情况按行业分布分析

私募通数据显示,浙江地区PE投资依旧以新兴行业为主,TMT(电信、媒体和科技)、医疗、金融、娱乐传媒依旧位居前列。其中互联网行业被投案例最多,达到69起,占比18.11%,但涉及总投资额为70.07亿人民币,仅占投资总投资额的4.72%。金融行业投资案例为27起,占比7.09%,其投资金额达到994.71亿人民币,占比达67.05%。TMT行业投资数量较多,但是相比金融行业投资额度较小(见表7–21)。

表7–21 2018年浙江省PE投资机构投资行业分布

行业	投资案例数(总数)/起	比例/%	投资案例数(披露金额)/起	投资金额/亿元	比例/%
互联网	69	18.11	57	70.07	4.72
IT	68	17.85	51	40.69	2.74
生物技术/医疗健康	59	15.49	48	58.21	3.92
金融	27	7.09	22	994.71	67.05

续表

行业	投资案例数（总数）/起	比例/%	投资案例数（披露金额）/起	投资金额/亿元	比例/%
娱乐传媒	27	7.09	22	6.16	0.42
机械制造	24	6.30	21	11.07	0.75
电信及增值业务	19	4.99	15	59.65	4.02
清洁技术	14	3.67	11	24.11	1.63
连锁及零售	9	2.36	7	21.02	1.42
物流	9	2.36	8	73.05	4.92
电子及光电设备	8	2.10	8	4.48	0.30
化工原料及加工	8	2.10	7	40.15	2.71
建筑/工程	8	2.10	8	4.68	0.32
房地产	7	1.84	4	22.51	1.52
汽车	7	1.84	6	33.83	2.28
教育与培训	5	1.31	3	0.41	0.03
纺织及服装	4	1.05	3	1.21	0.08
食品&饮料	2	0.52	1	0.10	0.01
半导体	1	0.26	1	0.58	0.04
能源及矿产	1	0.26	1	8.48	0.57
农/林/牧/渔	1	0.26	1	0.16	0.01
其他	4	1.05	4	8.31	0.56
合计	381	100.00	309	1483.64	100.00

数据来源：www.pedata.cn。

（3）私募股权投资（PE）机构投资浙江省企业情况按投资轮次分布分析

私募通数据显示，2018年浙江省私募投资案例中A轮投资案例数量131起，占比为34.38%，披露金额投资案例数为101起，投资金额为208.55亿人民币，占比为14.06%。C轮的投资案例数为22起，排名第六，但投资金额为991.53亿元，占比66.83%，排名第一（见表7–22）。

表 7-22 2018 年浙江省私募股权投资(PE)投资按投资轮次分布

轮次	投资案例数（总数）/起	比例/%	投资案例数（披露金额）/起	投资金额/亿元	比例/%
A	131	34.38	101	208.55	14.06
B	62	16.27	48	88.71	5.98
天使轮	62	16.27	43	29.12	1.96
新三板定增	38	9.97	38	11.35	0.76
Pre-A	31	8.14	29	6.72	0.45
C	22	5.77	17	991.53	66.83
上市定增	11	2.89	11	74.29	5.01
D	8	2.10	8	23.34	1.57
种子轮	4	1.05	4	0.58	0.00
G	2	0.52	2	18.69	1.26
A+	1	0.26	1	0.52	0.00
B+	1	0.26	1	1.59	0.11
E	1	0.26	1	0.80	0.05
F	1	0.26	1	19.39	1.31
未披露	6	1.57	4	9.47	0.64
合计	381	100.00	309	1483.64	100.00

数据来源：www.pedata.cn。

3. 2018 年浙江省私募股权投资(PE)退出概况

(1)浙江省私募股权投资(PE)机构退出总量分析

2018 年，浙江地区发生 PE 机构退出 125 起，排名全国第五，占全国比重为 8.67%。北京和上海分别以 322 起和 188 起的退出案例数高居全国第一、第二位(见表 7-23)。

表7-23　2018年浙江省私募股权投资(PE)退出总量与国内其他主要省市比较

地区	退出案例数/起	比例/%
北京	322	22.35
上海	188	13.05
江苏	170	11.80
深圳	137	9.51
浙江	125	8.67
广东(除深圳)	91	6.32
福建	46	3.19
四川	41	2.85
湖北	36	2.50
山东	34	2.36
湖南	33	2.29
其他	218	15.13
合计	1441	100.00

数据来源:www.pedata.cn。

(2)浙江省私募股权投资(PE)退出方式分析

从浙江省私募投资退出的方式来看,2018年浙江省私募股权投资新三板退出案例明显减少,新三板挂牌遇冷。与此同时,IPO上市数量明显上升。目前我国IPO上市仍存在各种条件制约,创业公司仍在寻求更广阔的退出渠道。2019年,科创板注册制实行,给广大的创业企业和私募投资机构提供了新的退出渠道,未来私募投资退出或将再掀高潮。2018年浙江省私募股权投资所投企业退出发生了125起,其中IPO退出成为主要退出方式,退出笔数为59起,占比达47.20%(见表7-24)。

表7-24　2018年浙江省私募股权投资(PE)退出按退出方式分布

退出方式	起数	比例/%
IPO	59	47.20

续表

退出方式	起数	比例/%
并购	35	28.00
股权转让	9	7.20
回购	8	6.40
其他	4	3.20
清算	4	3.20
新三板挂牌	3	2.40
借壳上市	1	0.80
未披露	2	1.60
合计	125	100.00

数据来源:www.pedata.cn。

(3)浙江省私募股权投资(PE)退出行业分布分析

从退出行业分布来看,浙江省私募股权投资退出行业的集中趋势并不明显,娱乐传媒、金融、互联网、机械制造排名前四,退出起数相差并不明显。其中,娱乐传媒达到22起,占比17.60%,金融行业紧随其后,退出21起,占比16.80%(见表7–25)。

表7–25 2018年浙江省私募股权投资(PE)退出行业分布

行业	起数	比例/%
娱乐传媒	22	17.60
金融	21	16.80
互联网	20	16.00
机械制造	19	15.20
清洁技术	10	8.00
生物技术/医疗健康	9	7.20
IT	4	3.20
电子及光电设备	3	2.40

续表

行业	起数	比例/%
房地产	3	2.40
电信及增值业务	2	1.60
汽车	2	1.60
食品&饮料	2	1.60
纺织及服装	1	0.80
化工原料及加工	1	0.80
建筑/工程	1	0.80
能源及矿产	1	0.80
农/林/牧/渔	1	0.80
物流	1	0.80
其他	2	1.60
合计	125	100.00

数据来源：www.pedata.cn。

二、2018年度浙江省私募股权投资市场典型案例分析

（一）2018年度浙江省早期投资典型案例分析

1. 案例一：叙简科技获得融资（见表7-26）

表7-26　叙简科技获得融资

投资时间	投资方	投资币种	投资金额/亿元	被投公司中文名称	被投公司所在行业
2018年10月	浙江银杏谷投资有限公司、浙江浙科投资管理有限公司	人民币	0.26	杭州叙简科技股份有限公司	互联网

投资亮点:

杭州叙简科技股份有限公司(证券简称:叙简科技　证券代码:838934)于2018年10月30日正式在新三板公开发行股票222.03万股,全部为无限售条件股份,募集资金2600万元。本次募集资金主要用于补充公司营运资金。叙简科技本次股票发行价格为每股11.71元,发行对象5名,浙江银杏谷投资有限公司、浙江浙科投资管理有限公司参与本次融资。叙简科技成立于2012年9月9日,并于2016年8月18日在全国中小企业股权转让系统正式挂牌。公司致力于安全与应急技术的创新,是一个互联网智慧协作平台。本轮融资为简叙科技的发展,尤其是技术的升级换代提供了重要的资金保障。

2. 案例二:科箭软件获用友网络战略投资(见表7–27)

表7–27　科箭软件获用友网络战略投资

投资时间	投资方	投资币种	投资金额	被投公司中文名称	被投公司所在行业
2018年10月	用友网络科技股份有限公司、浙江银杏谷投资有限公司	人民币	未披露	上海科箭软件科技有限公司	信息技术

投资亮点:

2018年10月24日,用友网络科技股份有限公司(以下简称用友网络)、浙江银杏谷投资有限公司投资上海科箭软件科技有限公司(以下简称科箭软件)。本轮融资旨在促进科箭软件与用友网络更宽领域的合作。科箭软件将依托用友网络的平台,进一步拓展其供应链产品在中国众多企业信息化与数字化转型中的应用。而用友网络也将着手开发用友云与科箭云的融合性产品,并计划在不久的将来推向市场。科箭软件是一家物流供应链解决方案及云服务提供商,公司致力于帮助企业构建数字化供应链网络,实现供应链全流程可视化,目前公司的主要业务包括订单管理、运输管理、仓储管理系统的开发以及提供技术解决方案。科箭软件的主要产品和服务是“TMS云服务”、Power WMS(仓储管理系统)、Power TMS(运输管理系统)。

3. 案例三：小码教育获得1.3亿元融资（见表7–28）

表7–28 小码教育获得1.3亿元融资

投资时间	投资方	投资币种	投资金额/亿元	被投公司中文名称	被投公司所在行业
2018年5月	微光创投、钟鼎创投、涌铧投资	人民币	1.3	杭州小码教育科技有限公司	信息服务

投资亮点：

2018年5月3日，少儿编程培训机构杭州小码教育科技有限公司获得1.3亿元人民币融资，由微光创投和钟鼎创投合投，涌铧投资跟投，是少儿编程领域的最大额单笔融资。我国教育部出台的《教育信息化“十三五”规划》明确指出：探索跨学科学习（STEM教育）等新教育模式，使学生具有较强的信息意识与创新意识，养成数字化学习习惯。2017年7月8日，国务院又下发了《国务院关于印发新一代人工智能发展规划的通知》，明确指出：要在中小学阶段设置人工智能相关课程，逐步推广编程教育，鼓励社会力量参与寓教于乐的编程教学软件、游戏的开发和推广。在政策利好的市场契机之下，越来越多的少儿编程机构将展开激烈竞争，大量资本将涌入相关机构和企业，在场竞争中获得资本的青睐，占得先机至关重要。

（二）2018年度浙江省创业投资（VC）典型案例分析

1. 案例一：不可能的世界获A轮融资2000万元（见表7–29）

表7–29 不可能的世界获A轮融资2000万元

投资时间	投资方	投资币种	投资金额/亿元	被投公司中文名称	被投公司所在行业
2018年11月	华盛一泓投资管理有限公司、杭州商盈投资管理有限公司、浙商创投股份有限公司	人民币	0.2	北京晨星盛世网络文化有限公司	互联网

投资亮点：

2018年11月20日，华盛一泓投资管理有限公司、杭州商盈投资管理有限公司、浙商创投股份有限公司投资北京晨星盛世网络文化有限公司2000万人民币。该轮融资主要用于平台建设、宣传推广和优质作品签约。

不可能的世界是北京晨星盛世网络文化有限公司旗下网站,是一个面向年轻群体的小说投稿、小说阅读网站,主打青春、勇敢、执着并浪漫、有趣的小说,包括幻想、二次元、现实等一系列小说类型。目前平台有小说作品4000余部,注册作者万余人。

不可能的世界是典型的以二次元小说为基础,通过小说平台进军IP开发产业的案例。目前IP成为投资界新的热点,中国拥有丰富的传统历史和深厚的文化积淀,是文化产业IP的资源宝库。近些年来随着动漫游戏业的发展,热门的小说、动漫、影视、游戏的兴起对IP领域产生深远影响,不可能的世界通过授权改编或联合开发的形式,推进了40余部作品的动漫化、影视化的机会。在IP的热度和资本的热炒下,收获大量热度和人气,也因此吸引了更多的投资者。

2. 案例二:启润科技获得新一轮融资(见表7–30)

表7–30 启润科技获得新一轮融资

投资时间	投资方	投资币种	投资金额	被投公司中文名称	被投公司所在行业
2018年10月	杭州浙农科众创业投资合伙企业、杭州兴泓材智投资合伙企业	人民币	未披露	江苏启润科技有限公司	生物科技/医疗健康

投资亮点:

2018年10月15日,杭州浙农科众创业投资合伙企业(有限合伙)、杭州兴泓材智投资合伙企业(有限合伙)投资江苏启润科技有限公司(以下简称启润科技)。启润科技起步于2012年7月,是一家通信及医疗行业解决方案提供商,公司主要提供通信、生物医疗、人工智能、物联网及移动互联网、云计算及智能硬件等领域的服务,为用户提供手机端及PC端APP部署应用、聚合开放数据服务的应用模式。

启润科技属于目前热门的医疗健康产业。随着人民生活水平及健康知识的提高，大家对医疗健康的消费逐年攀升，“健康中国”国家战略的出台，也预示着大健康产业正在改变传统的健康产业格局，大健康产业将迎来跨越式的发展。在中国，健康恶化的现实以及民众对健康重要性的认知度提升，正为民间蓬勃生长的健康管理和服务产业带来机遇。随着我国居民收入水平不断提高，消费结构升级不断加快，人们对生活质量的要求日益提高，健康医疗产业面临着广阔的发展前景。启润科技抓住深化互联网＋健康医疗服务的机遇，积极开拓和发展健康医疗大数据应用，推动人工智能在健康领域的发展和运用，在热门的医疗健康产业发力，结合当下投资热点——大数据及人工智能，顺利拿下本轮融资。

3. 案例三：赛伯乐、韩亚金融集团、建信信托等投资盘石股份(见表7–31)

表7–31　赛伯乐、韩亚金融集团、建信信托等投资盘石股份

投资时间	投资方	投资币种	投资金额/亿元	被投公司中文名称	被投公司所在行业
2018年10月	赛伯乐、韩亚金融集团、建信信托	人民币	18	浙江盘石信息技术股份有限公司	IT

投资亮点：

浙江盘石信息技术有限公司(以下简称盘石股份)由田宁于2004年在杭州创立。盘石股份的主要业务是为全球用户提供海外影视、游戏、文学、工具等产品订阅服务，与Netflix(网飞)商业模式类似。盘石股份全球大数据管理平台P–Platform，每天将全球用户上网行为定向精准数据采集，并对用户信息数据标签兴趣小组。对客户数据深度挖掘分析，结合用户语音、图像、视频、知识图谱、用户画像与人工智能AR、区块链等技术，实时洞察了解全球客户的需求。

盘石股份所涉及的大数据、人工智能、区块链等技术，都是当下热门的投资领域。凭借其独特的技术和成功的经营模式，盘石股份顺利从股权投资市场获得融资。作为成长期的高科技企业，盘石股份属于科创板重点发展的科创属性的企业。

(三)2018年浙江省私募股权投资(PE)典型案例分析

1. 案例一:大洋生物新三板融资5250万元(见表7-32)

表7-32 大洋生物新三板融资5250万元

投资时间	投资方	投资币种	投资金额/亿元	被投公司中文名称	被投公司所在行业
2018年12月	浙江浙科投资管理有限公司、杭州城投富鼎投资管理有限公司	人民币	0.525	大洋生物	化工原料及加工

投资亮点:

浙江大洋生物科技集团股份有限公司(证券简称:大洋生物;证券代码:837112)于2018年12月18日正式在新三板公开发行股票350万股,其中有限售条件流通股5.48万股,无限售条件流通股344.52万股,募集资金5250万元。本次募集资金主要用于年产1500吨2-氯-6-氟苯甲醛等含氟芳香烃系列产品项目一期和偿还银行借款。

本次股票发行数量为350万股,发行价格为每股15元,募集资金5250万元,发行对象24名,其中在册股东徐旭平认购33万元;在册股东范富良认购60万元,另外机构投资者浙江浙科投资管理有限公司、杭州城投资产管理集团有限公司(直接投资机构:杭州城投富鼎投资管理有限公司)参与大洋生物本次融资。

大洋生物成立于2003年10月29日,是一家集无机化工、精细化工、生物发酵系列产品的研发、生产、销售和技术服务为一体的供应商。大洋生物于2016年4月26日起在全国股份转让系统挂牌。

过去几年,中央环保督察组完成了对全国范围的环保督察,正式组建成立了六大环保督察中心,后升级为环保督察局,开始了环保督察常态化。在雷厉风行的环保风暴规范下,化工行业经历了一次彻底的洗牌,以往高能耗、高污染、重量轻质的粗放型生产模式已遭淘汰。随着越来越严格的环保法规出台,化工企业将面临日趋严峻的改造和转型考验,而近年开始的环保风暴,将对中国化工行业今后的发展产生深远的影响。大洋生物作为化工企业，经历本次环保风暴“大浪淘沙”屹立不倒，更于2018年12月顺利获得融资，说明大洋生物是经得起环保考验的绿色化工生产厂家。资本对大洋生物投资，不仅是对大洋生物化工生产业务的看好，更是对大洋化工绿色生产的肯定，同时也是社会对绿色化工行业的认可。

2. 案例二：宠物之城获得Pre–A轮500万元融资（见表7–33）

表7–33　宠物之城获得Pre–A轮500万元融资

投资时间	投资方	投资币种	投资金额/亿元	被投公司中文名称	被投公司所在行业
2018年6月	赤子基金、顺宠有限公司	人民币	0.05	杭州宠城科技有限公司	生物技术/医疗健康

投资亮点：

2018年6月13日，顺宠有限公司、杭州赤子之书投资管理合伙企业（有限合伙）投资杭州宠城科技有限公司（以下简称宠物之城）500万人民币。

宠物之城成立于2017年，主营业务为宠物医保及“馨家认养”服务。是国内第一家拥有宠物保险经纪资质的公司。宠物之城是以宠物医保为核心、云计算为基础、大数据为依托、人工智能为辅助的宠物科技系统化服务平台。宠物之城产品包含宠物医保、宠物殡葬、宠物检测、宠物旅游、宠物鼻纹识别、宠物公益等。为宠物用户提供更优化和便捷的服务。公司通过与中国平安保险签订宠物保障计划，联合大型连锁医院共同保障宠物医疗服务。所有受保宠物在规定合作医院就诊可享受40%的报销比例。

3. 案例三：曹操专车获得云信经熹、硅谷天堂投资（见表7–34）

表7–34　曹操专车获得云信经熹、硅谷天堂投资

投资时间	投资方	投资币种	投资金额/亿元	被投公司中文名称	被投公司所在行业
2018年7月	宁波云信经熹投资管理有限公司、硅谷天堂资产管理集团股份有限公司	人民币	12	杭州优行科技有限公司	互联网

投资亮点：

杭州优行科技有限公司（以下简称曹操专车）成立于2015年，是世界500

强企业吉利集团布局“新能源汽车共享经济生态”的战略性投资企业，旨在发展成为“互联网＋新能源汽车共享出行服务第一平台”。曹操专车是杭州优行科技有限公司的核心业务品牌，是国内首个建立新能源出行服务标准、引领低碳出行潮流的新能源专车智慧出行服务平台，致力于为崇尚环保理念、拥有精致生活态度的城市轻生活精英用户提供低碳时尚、优质平价、便捷安全的专车出行解决方案。

三、多层次资本市场对浙江省私募股权投资发展的作用

(一)IPO对于浙江省私募股权投资发展的作用

2018年，浙江省企业境内外IPO总数23家，同比下降75.27%，合计募资总额151.97亿元人民币，同比下降71.02%，平均每家企业融资6.61亿元人民币。其中，境内市场上市企业16家，融资金额75.94亿元人民币；境外市场上市企业7家，融资金额76.03亿元人民币。相较于2017年境内IPO审核加速引起的境内IPO上市融资热潮，2018年境内IPO上市融资的势头开始降温，而2018年境外IPO上市融资则相对火热。浙江省企业境外市场上市的企业家数与融资金额较2017年均有所上升。

IPO是浙江省私募股权投资退出最重要的途径。在2018年浙江省发生的233笔退出案例中，有108笔为IPO退出，IPO的退出比例占浙江省全部退出案例的46.35%。即使是在2018年境内IPO上市融资整体降温，也依旧不挡IPO作为浙江私募股权投资最热门退出方式的势头。尤其是2019年科创板的设立对投资机构来说是一个新的退出渠道，将进一步加大IPO退出的比例。科创板的设立主要针对成长期的高科技企业，对于浙江省内众多高成长性、高科技的企业来说是一个重大的利好。尤其是浙江省内一些尚未盈利或有特殊股权结构的企业，可以选择登录科创板来实现企业融资。

(二)并购对于浙江私募股权投资发展的作用

2018年，浙江省企业作为并购方完成并购案例280起，仅次于广东、北

京，排名第三，披露交易的234起，涉及交易金额1497.19亿元人民币；浙江省企业作为被并购方完成并购案例223起，仅次于北京、江苏、上海，排名第四，涉及交易金额604.38亿元人民币。总体而言，与被并购方市场相比，浙江省企业作为并购方市场，表现出了更强的并购实力。2018年国内交易规模最大的一笔并购是浙江地区的阿里巴巴集团以95亿美元收购饿了么100%股权。上市公司实施并购的政策环境自2018年第四季度开始逐渐回暖，2018年9月，证监会发布《关于发行股份购买资产发行价格调整机制的相关问题与解答》，明确并购定价双向调整的相关要求，以保障股价下行时并购交易能顺利进行。多项利好政策出台，一方面鼓励了上市公司通过并购重组吸收新技术、新模式，提升公司质量；另一方面纾解了上市公司现金流紧张与股票质押风险，给浙江省的并购市场注入了新的活力。

并购是浙江省私募股权投资退出的重要途径。2018年，浙江省233笔退出案例中有48笔是以并购的方式退出，占比20.6%。2018年4月12日，浙江省设立了总规模300亿元的“凤凰行动”计划专项基金，用于助推浙江省内优秀企业上市以及上市企业的并购重组。在“凤凰行动”计划专项基金的助推下，浙江省的并购市场将更加活跃，在浙江省私募股权投资市场的作用将进一步显现。

（三）新三板对于浙江私募股权投资发展的作用

2018年浙江省新三板挂牌企业932家，占全国比重为8.73%，较2017年减少了100家，减少比例达到9.59%，减少速度超过全国新三板挂牌企业减少速度。浙江地区的发行金额为38.28亿元，较2017年的97.05亿元下降了58.77亿元，下降比例达60.56%，下降速度超过全国新三板发行金额的下降速度。整体来看新三板无论是在挂牌还是发行上均已进入下行阶段，呈现双降的趋势，且下降趋势远远快于全国速度。2017年曾饱受期待的转板机制和竞价交易制度未能对新三板产生重要的利好影响。虽然新三板依旧是浙江省私募股退出的重要渠道，但是未来新三板在浙江私募股权退出阶段所占的比重将越来越低。

新三板市场的建立改变了我国资本市场体系的倒金字塔结构，是实现经济结构转型、产业升级以及经济增长“新常态”的突破口。虽然由于流动性等方面的原因,近年来新三板市场在浙江遇冷,但是其在资本市场依旧发挥着至关重要的作用,对推动浙江私募股权投资发展具有重要贡献。首先,作为全国性的股票交易场所,新三板旨在帮助创业创新型公司发展,为我国实体经济的发展注入资本动力。浙江省民营经济发达,民营企业众多,新三板的建立为浙江省众多的中小、民营企业提供了融资渠道。其次,新三板是私募股权投资重要的退出渠道。2018年,在浙江省的233笔退出案例中,有6笔是通过新三板退出,虽然在数量上相较往年有所下降,但仍有为数不少的投资机构将新三板看作重要的资本退出渠道,尤其是IPO审核趋严的阶段,新三板的审核条件和审核流程与IPO相比更为宽松。最后,挂牌新三板还是浙江省众多中小企业拓宽融资平台、完善公司治理结构、提高企业股权价值和流动性、提升企业知名度的重要途径和手段。

四、2019年度浙江省股权投资业发展趋势分析

(一)浙江省股权投资业发展趋势分析

1. 境外投资合作成为发展新方向

2018年4月浙江省发布《浙江省人民政府办公厅转发省发展改革委等部门关于进一步引导和规范境外投资方向实施意见的通知》,为浙江省境外投资合作提供了充分的政策保障。文件指出,为进一步引导和规范浙江省企业境外投资方向,更好地参与“一带一路”建设和开展国际产能合作,应加强与境外高新技术和先进制造业企业的投资合作,大力开展农林牧渔等领域互利共赢的投资合作,有序推进商贸、文化、物流等服务业领域境外投资。

2018年以来,浙江省境外直接投资呈现快速增长的态势,“一带一路”建设稳步推进,纺织业、建材等传统优势行业在沿线国家布局态势良好,对实现省内企业产地多元化,促进沿线国家发展,应对贸易摩擦意义重大。例如,2018年6月蚂蚁金服完成总金额为140亿美元的融资,吸引了全球范围的投资人,除原有股东继续跟投外,新加坡政府投资公司、马来西亚国库控

股、华平投资、加拿大养老基金投资公司、银湖投资、淡马锡、泛大西洋资本集团、T. Rowe Price 旗下基金、凯雷投资集团、Janchor Partners、Discovery Capital Management以及Baillie Gifford等参投了该轮融资。此次蚂蚁金服吸引大量海外资本进入，成为浙江省企业“走出去”、资金“引进来”的重要实践。

2. 科创板开辟退出新渠道

2018年11月5日，国家主席习近平提出，将在上海证券交易所设立科创板并试点注册制，支持上海国际金融中心和科技创新中心建设，不断完善资本市场基础制度。2019年1月30日，中国证监会和上海证券交易所密集下发多份针对科创板的政策规则，包括《科创板首次公开发行股票注册管理办法（试行）》（征求意见稿）等3份部门规章和6份交易所规则。科创板建设推进稳步进行，科创板的设立体现了中国股权市场“重质求稳”的特点，将为拥有自主研发核心技术的科技创新企业提供融资便利。浙江省是科创大省，科创板的推出对浙江省内的诸多优质科技型创业企业无疑是重大利好。

3. 取消险资开展股权投资的行业范围限制，“募资难”得到缓解

中国银保监会2018年10月发布《保险资金投资股权管理办法（征求意见稿）》（以下简称《股权办法》），对此前的《保险资金投资股权暂行办法》进行修订，《股权办法》不再限制财务性股权投资和重大股权投资的行业范围，要求保险公司综合考虑自身实际，自主审慎选择行业和企业类型，并加强股权投资能力和风险管控能力建设。这意味着监管机构可能正在放弃过去以规模和注册资本等硬性指标为主的监管方式，转向更灵活机动的监管方式，以鼓励管理能力强、潜在收益更好的普通合伙人（GP）获得保险机构资金。浙江省私募股权市场发展繁荣，随着保险资金投资私募股权配套实施的完善和落地，未来保险资金将成为浙江省私募股权行业的重要资金来源。

（二）浙江省股权投资业发展问题及政策建议

1. 围绕国企改革百亿基金，助力浙江经济转型

浙江省市场化程度高，民营企业发达，混合所有制推进领先全国，然而浙江省国企的资产证券化率较低，仍以商贸产业与基础产业为主，企业规模较小，主业优势不明显，盈利水平较低。浙江省国企改革发展基金于2018年

7月18日正式发布，首期规模100亿元。该基金将围绕浙江省推动企业上市和并购重组“凤凰行动”计划，助力提升资产证券化水平，推进混合所有制改革，吸引更多社会资本参与浙江省国资国企改革，实现国有经济与民营经济共生共荣发展，进而推进浙江省“两个高水平”建设。未来，国改基金还将重点投向资产证券化项目、混合所有制改革项目、上市公司并购重组项目和浙江省八大万亿产业等四大方向，充分挖掘并利用好浙江的优势产业和龙头企业，以浙江省改革发展为切入点，为浙江加快推进“四大建设”、钱塘江金融港湾，打造现代化先行区提供强有力的支持。

2. 政策先行，推动农业创业发展

2018年浙江省在私募股权投资领域取得瞩目成绩，依托政府在税收和注册等方面的优惠政策、引导基金的持续支持、优势的创新创业环境，浙江省在资金募集、投资项目和退出方面都排在全国前列。在投资项目行业分类中，互联网、IT、电信增值等行业呈现蓬勃发展态势，投资热度稳步提升，但农林牧渔业等行业股权投资却较少涉及。一直以来农业企业投资都是股权投资较少触碰的领域。一方面，农业行业投资本身有投资周期长、回报率低、受气候影响大等问题；另一方面，农业企业普遍存在重资产、人员多、企业管理不规范的问题，从而导致了农业行业股权投资鲜有成功案例。

2018年4月浙江省发布《浙江省农业综合开发投资基金子基金合作设立及投资指南》，旨在围绕乡村振兴战略，通过与地方政府合作设立省农发基金子基金，上下联动形成工作合力，积极撬动社会资本，以多元化的投入机制引导和支持浙江省农业现代化建设，有效助推农村产业兴旺。除产业基金扶持之外，政府机构也须帮助农业企业进行农产品标准化生产和企业管理规范方面的提升，以更好对接资本市场，满足投资企业要求。

3. 营造创新集群环境，构建创新生态

产业集群是浙江发展制造业的主要组织形式，经过多年的发展，浙江省产业集群发展迅速，集聚效应明显。然而，浙江省的产业集群主要是自发形成的，在产业集群的形成过程缺少来自国外的先进管理经验、生产技术、营销理念。同时，现有的产业仍然集中在初级制造业，大多停留在加工环节，同质化现象严重，存在过度竞争；区域发展不平衡，缺乏合理有效的总体规划；技术相对落后，核心技术竞争力较弱。

针对上述问题，浙江省着力推进现代产业集群转型升级，营造创新集群环境，加快先进制造业基地建设，加速工业可持续发展。随着科学技术发展，企业创新需要上下游企业和用户、政府、金融机构以及行业协会共同努力投入建设。产业集群优化整合有关资源，将进一步推动浙江省产业结构转型升级。

五、政府产业基金专题研究

（一）2018年度浙江省政府引导基金设立情况

截至2018年底，浙江省共成立政府引导基金145只，基金目标规模2648.88亿元人民币，其中已募集规模1034.42亿元人民币，完成目标的39.05%。按照成立基金数来看，江苏、广东、浙江排名前三（见表7–35）。

表7–35　截至2018年浙江省政府引导基金设立情况与国内其他主要省市比较

地区	成立基金数（总数）/只	基金目标规模/亿元	已募集规模/亿元
江苏	185	6691.12	2170.34
广东	148	13032.80	5740.40
浙江	145	2648.88	1034.42
山东	139	7558.15	2352.44
安徽	113	2503.68	674.98
北京	84	20890.00	11932.95
四川	69	5448.44	1108.99
河北	61	1204.79	394.89
湖北	59	2148.17	1275.65
福建	55	1786.91	1056.61
江西	54	3599.74	1364.28

续表

地区	成立基金数(总数)/只	基金目标规模/亿元	已募集规模/亿元
贵州	53	5317.55	1411.67
陕西	51	3411.49	1781.39
河南	50	6582.29	1095.56
山西	43	1835.84	529.24
内蒙古	36	1175.77	867.89
湖南	34	1064.37	368.95
重庆	30	895.13	507.62
广西	26	1187.96	231.28
上海	25	946.36	340.25
云南	25	1429.09	668.99
其他	151	7952.02	3630.00
合计	1636	99310.55	40538.78

数据来源:www.pedata.cn。

(二)2018年度浙江省政府产业基金投资进展情况

截至2018年底,浙江省政府产业基金总规模1495.56亿元,已到位资金865.93亿元。各级政府产业基金与社会资本合作设立子基金590只,总规模为4060.05亿元。上述子基金已投资实体企业5321个,项目投资总额9769.32亿元;直投项目394个,项目投资总额476.97亿元。通过设立子基金、直接投资和子基金投资项目,政府产业基金撬动社会资本合计11767.06亿元。

1. *省级层面*

省级产业基金总规模351亿元,已到位资金237.15亿元。与社会资本合作设立市场化子基金35支,总规模840.91亿元,其中,省产业基金出资51.02亿元,社会资本出资789.89亿元,政府资金一级放大16.48倍。与市县区政府合作设立区域基金13支,总规模235亿元,其中,省产业基金出资87亿元,市县区政府出资148亿元。上述市场化子基金已投实体企业（项目）1230个，项目投资总额3552.26亿元，其中，子基金投资516.89亿元，社会资本投资3035.37亿元。政府产业基金直投项目16个，投资总额98.77亿元，其中，政府产业基金投资43.22亿元，社会资本投资55.55亿元。

2. 市县区层面

市县已设立政府产业基金规模合计1144.56亿元（含省转型升级产业基金出资87亿元），已到位资金628.78亿元，与社会资本合作设立市场化子基金555支，总规模3219.14亿元，其中，政府出资570.56亿元，社会出资2648.58亿元，政府出资一级放大5.64倍。上述子基金已投实体企业（项目）4091个，项目总投资金额6217.06亿元，其中，子基金投资1271.57亿元，社会资本投资4945.49亿元。政府产业基金直投项目378个，项目投资总额378.20亿元，其中，政府产业基金投资86.02亿元，社会资本投资292.18亿元。

（三）浙江省典型政府产业基金案例分析

1. 各路纾困基金

为助力上市公司纾困，2018年浙江省出台了《关于深入实施“凤凰行动”计划促进上市公司稳健发展的意见》，针对省内部分上市公司股权质押引发流动性风险等问题，提出了针对性政策措施，包括高度重视上市公司面临的暂时困难，精准有效实施“凤凰行动”，建立上市公司股权融资支持机制，引导商业银行优化金融服务，拓展民营上市公司融资渠道，稳妥实施资管新规和支持市场化债转股，推动企业并购重组和产业整合，提升企业金融风险管理水平，加强领导和组织保障等。

在政策保障下，驰援浙江省各上市公司的纾困基金纷纷设立。2018年10月26日，浙江省国有资本运营有限公司宣布，与农银金融资产投资有限公司、中国农业银行浙江省分行共同设立“浙江省新兴动力基金”，基金目标规模100亿元，首期规模20亿元；2018年11月12日，浙江省转型升级产业基金与之江新实业有限公司签署框架协议，启动浙江省上市公司稳健发展支持基金的组建工作，基金规模为100亿元。

各路纾困基金重点关注浙江区域内具有发展前景、核心资产优良、基本面稳定、行业竞争力强、业绩良好的上市公司。对符合浙江省产业导向的实体经济领域优质上市公司给予支持。由政府引导,按照市场化、法治化的原则,采用市场化方式组建,商业化模式运作,以提供流动性支持的财务投资为主要方式,以保持上市公司控制权和治理结构相对稳定为主要目标,帮助上市公司解决流动性压力和债务风险,加快产业转型升级,提升核心竞争力。

2018年以来,中国经济进入周期性结构调整,资本市场波动明显,同时受金融去杠杆、产业转型、中美贸易摩擦等多重因素影响,上市企业融资压力巨大。在较不稳定的资本市场环境下,浙江省各路纾困基金顺应而生,一方面实现了浙江省政府去杠杆、防风险的重大战略部署,有效化解了金融风险、吸引了社会资本,另一方面切实帮助了一批资质优良的上市公司获得融资,渡过难关。

2. 乡村振兴基金

近年来,中央和浙江省都提出了乡村振兴的战略方针,随之出台了《中共中央国务院关于实施乡村振兴战略的意见》(中发〔2018〕1号)、《财政部关于印发〈政府投资基金暂行管理办法〉的通知》(财预〔2015〕210号)、《浙江省农业综合开发投资基金管理暂行办法》(浙财农发〔2017〕15号)等相关政策。在政策推动下,各地纷纷设立乡村振兴基金。

乡村振兴基金围绕乡村振兴战略,通过与各地方政府合作设立基金的形式,上下联动形成工作合力,积极撬动社会资本,以多元化的投入机制引导和支持浙江省农业现代化建设,有效助推农村产业兴旺。乡村振兴基金投资符合乡村振兴产业化发展方向,重点扶持农业现代化关联度较高的领域,以及现代农业园区和田园综合体建设等农业现代化平台创新试点类项目等。乡村振兴基金各出资方一般按照“利益共享、风险共担”的原则,明确约定收益处理和亏损负担方式。

为了更好地管理乡村振兴基金,各地均出台了相关的基金管理办法,例如临安区出台《临安区乡村振兴基金管理暂行办法》,桐庐县出台《美丽乡村发展基金实施方案》,并成立美丽乡村发展基金决策委员会,注册成立桐庐县美丽乡村建设投资有限公司负责基金日常运营管理工作。乡村振兴基金的设立使得浙江省乡村建设进入了新阶段，实现了涉农资金投资效率的提升，增强了农村可持续发展能力。

3. "凤凰行动"计划专项基金

2018年4月12日，浙商银行、浙商产融和浙商创投共同发起设立了"凤凰行动"计划专项基金，基金总规模300亿元，预计在一至两年内投放完毕，用于助推省内优秀企业上市以及上市企业的并购重组。

"凤凰行动"计划专项基金的设立，将为"凤凰行动"计划提供包括股权投资、融资安排、财务顾问、上市辅导、银行授信、资金结算、资产托管等综合金融服务，解决企业在不同发展阶段所面临的需求与痛点。该项基金的设立将有助于推进"凤凰行动"扎根、发芽、开花、结果，大大帮助浙江省的优质企业完成上市及并购重组，为浙江省经济转型升级提供重要的保障。

经过深度走访调研，"凤凰行动"计划专项基金已经储备了超过300亿元的备投项目，一方面侧重于投资既有助力行业龙头的产业链整合和并购重组，帮助龙头企业做大做强，另一方面推动浙江省人工智能、先进智造、生物制药、大数据等新经济板块培育，帮助新经济主体快速发展。同时，2018年以来浙江省各地也加快组建上市并购基金，充分发挥各地产业引导基金作用，以"子基金"等模式组建专项基金，支持浙江省各类项目。

4. 数字经济产业投资基金

2019年1月9日浙江省经信工作会议明确提出，浙江省将全面实施数字经济五年倍增计划，争创国家数字经济示范省，力争2019年数字经济核心产业增加值增长15%以上。为此浙江省将推动设立100亿元的省数字经济产业投资基金，组织实施100个数字化重大项目，扶持100家数字骨干企业。

数字经济是推动制造业高质量发展，实现浙江省产业结构升级转型的重要抓手，对浙江省经济发展的推动作用正日益凸显。浙江省的数字经济发展一直走在全国的前列。2018年，浙江省在国内率先打造"1＋N"工业互联网平台体系，组建国家级supET工业互联网平台，新增上云企业逾12万家，打造行业云应用平台10个，"企业上云"在浙江成为风尚。

浙江省正在制定出台一系列加快数字经济发展的政策措施，包括推动《浙江省数字经济促进条例》立法，推动实施数字经济"三区三中心"行动方案,加快建设数字大湾区、移动支付之省和“城市大脑”等一批标志性工程,同时统筹数字经济生产力布局,支持杭州打造“中国数字经济第一城”。数字经济产业投资基金的设立,将进一步推动浙江省的数字经济产业发展,实现浙江省数字经济飞跃发展和产业结构调整升级。

(本报告由浙江省股权投资行业协会提供)

金融热点问题研究

第八章　2018年度台州小微企业金融服务改革创新试验区发展报告

2018年，台州以“服务实体经济、深化金融改革、防控金融风险”为主线，扎实推进国家级小微金改试验区各项工作任务。台州小微金融服务创新做法得到中央电视台播出与《金融时报》刊登，并在2018年12月获浙江省公共管理创新案例评选“十佳创新奖”。2018年台州小微企业金融服务改革推进的具体举措如下。

（一）持续推进信保基金扩面增量

助推乡村振兴战略和传统产业转型升级，积极构建台州政策性融资担保体系，新推出针对股改企业和农户贷款等5款专项担保产品，同时做好“500精英企业”“创业贷款”“省股交中心台州小微企业板”等9款专项担保产品的扩面增量。截至2018年12月末，已累计承保额度222.99亿元，累计服务市场主体13365家，在保余额75.96亿元，在保市场主体8525家，户均承保额从成立之初的162万元下降至89万元。

（二）升级信用信息共享平台功能

进一步完善平台信用评价、预警分析等功能，提高信用评分趋势和排名展示、预警企业名单推送的准确度，为银行贷款授信提供了深度参考。着手开展银企融资对接服务平台的研发，完成了项目可行性研究、专家评审、立项审批、招投标等环节，目前平台已基本开发完成即将上线运行。截至2018年12月末，平台已涵盖15个部门8546万条信息，覆盖全市60.88万家市场主体，已开设查询用户2247个，累计查询量589万次。

(三)创新政银合作新模式

充分发挥"最多跑一次"改革的牵引作用,将小微金改与"跑改"有机结合,依托银行网点多、分布广、经办力量强、服务规范等优势,在全省率先全面推出"社银联通"工程建设,将政府部门社保业务办理窗口延伸至合作银行基层网点,既缓解了政府办事窗口业务压力和人手严重不足等问题,又让群众办事从"最多跑一次"提升到"就近最多跑一次", 实现了政府、银行和群众三方共赢。目前,台州已实现"社银联通"服务网点全覆盖,获评浙江省民生获得感示范工程。此外,台州市还率先推出了不动产抵押贷款登记服务、公积金业务办理延伸至银行网点。

(四)动产质押和小微金融服务标准化两个国家级试点取得新进展

设立了台州动产质押金融服务公司,并与政府平台、金融机构进行了深度对接,开展基建产业供应链项目的战略合作,努力探索供应链金融服务新模式。积极推进"台州市小微企业金融服务改革创新试验区标准化试点"建设,出台试点实施方案,完成试点项目招标并召开了试点启动会,目前小微金融服务标准体系初稿和小微企业信用保证基金业务规范、小微金融指数规范2项标准草案已形成,信用信息共享平台服务规范、数据元规范等7项重点标准正在编制中。

(五)打造全国性的普惠金融分享平台

制订台州普惠金融小镇创建方案,提出"三中心三基地"总体构想;探索金改经验社会化推广复制路径和机制,在台州学院设立"中国(台州)普惠金融培训中心",加强与其他高等院校、协会、研究院、地方金融机构的合作,提高普惠金融服务水平。举办了"普惠金融台州创新"首期研训班,来自全国9个省19家农商银行的中高管参加研训班,努力为台州乃至全国培养输送更多的普惠金融人才。此外,还在上海成功举办了普惠金融高峰论坛。

（六）继续完善金融服务组织体系

鼓励和引导金融机构下沉服务重心，机构新设向小微专营机构倾斜，地域布局向城郊及乡镇覆盖，提高小微服务覆盖面和专业化水平。截至2018年12月末，全市已设立小微企业专营机构331家、社区支行101家、小微支行105家，认定了8家电商特色银行、23家科技特色银行、9家旅游特色银行、9家人才服务型银行和1家文化产业特色银行。积极向上争取资产管理公司AMC牌照，完成了资产管理公司设立方案和参股股东的筛选工作，目前筹建方案已通过市政府上报省政府。

（七）着力拓展小微企业融资渠道

积极推广应收账款融资业务，依托核心企业为上下游企业增信，为供应链上的小微企业提供融资服务，截至2018年12月末，新增应收账款质押融资105.45亿元。积极推进跨境融资，2018年辖内企业共办理跨境融资51笔，借用外债7.51亿美元；办理境外放款10笔，金额6807.10万美元；辖内银行外汇贷款结汇87笔，金额1.69亿美元。持续深化银税合作和还款方式创新，鼓励引导银行大力推进信用贷款，全市企业信用贷款占企业贷款比重19.59%。继续推进商标专用权质押融资的扩面增量，截至2018年12月末，已累计办理质押登记1581件，占全国同期总量的29%，质押金额达117.41亿元，累计发放贷款94.6亿元。截至2018年12月末，小微企业贷款余额3057.66亿元，占全部贷款余额的41.51%，高于全国近20个百分点；小微企业贷款户数达38.08万户，同比增加2.53万户；小微企业申贷获得率为94.28%。

（八）有效提升小微金融服务水平

创新推出“4S”一站式小微企业综合服务平台，为小微企业提供“融资＋融智”服务。作为全国两个试点城市之一，2018年6月11日台州开展取消企业银行账户开户许可证核发试点，上线台州市e账户系统，优化小微企业开户流程，截至2018年12月末，已开设备案类存款账户2.36万户，目前该试点经验已在全国推广。积极破解地方法人金融机构资金来源难问题，引导开展绿色金融债、专项金融债、信贷资产证券化、同业存单和大额存单等主动性负债业务,已发行和新获批的业务共达1316.04亿元。

(九)主动对接多层次资本市场

深入细致做好“跟踪、服务、化难”工作,指导和推动更多企业利用境内外资本市场、债券市场、场外市场等开展直接融资。截至2018年12月末,全市共有上市公司53家,其中A股上市数居全国地级市第四,中小板上市数居全国地级市第三,形成了证券市场“台州板块”;新三板与浙江股交中心挂牌数分别为55家和713家。2018年,完成直接融资301.05亿元,其中,股权融资38.99亿元,债券融资262.06亿元。加快企业并购重组步伐,支持企业以先进技术、优秀人才、稀缺品牌等为主要标的的并购。2018年度,台州共有19家上市公司公告完成并购事件31笔,涉及金额84.71亿元,其中,涉及海外并购3笔,涉及金额8.45亿元。

(十)积极创建金融安全示范区

出台了《浙江省台州市金融安全示范区创建实施方案》,围绕开展推改革促实体、强监管优环境、防风险严整治等三大专项行动,积极健全市、县两级金融风险防控、金融部门和司法部门联席会商、金融突发事件应急管理等工作机制,有力维护区域金融稳定。积极纾解上市公司股东高质押风险,成功发行5亿元全国地级市首单纾困专项债。截至2018年12月末,台州市银行业金融机构不良贷款率为0.75%,比年初下降了0.22个百分点;关注类贷款占比0.82%,比年初下降了0.37个百分点,两项相加为全省最低。

(本报告由中国人民银行杭州中心支行提供)

第九章　2018年度丽水农村金融改革试点发展报告

2018年，丽水市农村金融改革各项工作取得阶段性成效。中国人民大学对丽水农村金融改革试点的评估调查显示："丽水农户贷款满足率达到32.2%，比浙江省平均水平高出3.1个百分点，比全国平均水平高出23.6个百分点，比发达国家平均水平高出19.1个百分点。"《金融时报》《人民日报》等媒体对丽水农村金融改革创新经验进行了大篇幅报道。2018年，丽水农村金融改革的主要进展如下。

（一）创新联动，全力推进农村产权融资体系建设

围绕农村产权融资的基础配套机制、抵押物处置机制建设等内容，加强部门联动，持续开展机制创新。

一是全面推进全国"两权"抵押贷款试点。继续指导龙泉、缙云和青田三个全国"两权"抵押贷款试点地区积极做好改革深化和攻坚工作。在创新价值评估机制、组建土地承包经营权收储平台、完善财政配套机制等工作基础上，围绕抵押物处置工作持续攻坚，推动青田县成功组建农村资产管理公司，有效丰富了抵押物处置平台。

二是创新开展农村宅基地"三权分置"抵押融资工作。紧密结合中央关于宅基地"三权分置"改革精神以及丽水实际，制定印发了《推进农村宅基地"三权分置"改革抵押融资工作指导意见》，创新推出农房流转使用权证、开展农房使用权抵押贷款业务。截至2018年末，该项工作已经在辖内4个县（市、区）成功启动，全市累计发放农房使用权抵押贷款404万元。

三是建立健全农村产权融资司法保障机制。围绕丽水农村金融改革及

司法保障工作,编制了《丽水农村金融改革司法保障工作白皮书》并召开新闻媒体发布会,为进一步深入推进农村金融司法保障工作奠定了坚实的基础。

四是推进农村产权融资扩面增量。引导金融机构加大贷款发放力度。截至2018年末,全市农村产权融资新增13.2亿元,完成全年任务目标的132%,贷款余额达到126.8亿元,其中林权抵押贷款余额64.3亿元、农房抵押贷款余额53.4亿元,土地承包经营权抵押贷款余额9.1亿元。

(二)攻坚突破,深入推进信用体系建设

围绕进一步强化全市信息共享程度、建成高水平信用信息数据库总体目标,加强部门对接,在信息数据库建设方面取得突破性成效。

一是积极推进平台二期项目开发。在2017年已经完工的一期项目基础上,围绕进一步丰富完善平台功能、扩大信用信息共享覆盖面,全力推进二期项目建设。2018年丽水市信用信息服务平台二期项目各项功能已经基本开发完毕并将上线试运行。

二是大力开展信息共建共享攻坚工作。对于公安、税务、电力等信息征集难度较大的单位,提请市政府协调对接,信息共享工作取得了突破性进展。新增公安、电力、地税、国税、社保、国土等6个部门信息,信息共享合作的政府部门达到16个;截至2018年末,平台已经为295万信息主体(100%覆盖)建立电子化信用档案,征集各类信用信息共计9000多万条。

三是持续推进平台成果运用。积极引导各金融机构依托平台信息对信用状况良好的农户、小微企业开展金融创新服务,如金融机构积极运用平台的信用户筛选功能进入农村地区拓展信贷业务,“整体批发、集中授信”信贷业务,促进农村地区信用贷款业务持续快速增长。截至2018年末,全市农户信用贷款余额达到83.96亿元,大约是2012年(0.92亿元)的91倍,实现大幅度增长。

四是制定出台全国首个农村信用体系建设地方标准。制定发布了丽水市地方标准《农村信用体系建设规范》,为进一步规范丽水市农村信用体系和推广丽水市农村信用体系建设经验提供了有效载体。

五是深化信用联合惩戒工程。在全面总结金融食品安全联合惩戒工作成效基础上，将创新经验推广到金融交通运输联合惩戒等领域，有效扩大信用体系建设在助推社会管理方面的积极效应。

（三）巩固提升，有序推进农村金融服务平台建设

围绕有效提升农村金融服务水平的工作目标，持续巩固深化金融服务平台建设。

一是深化农村支付服务平台建设。深入推进全市2010家金融服务站有序发展。截至2018年末，累计办理小额取现、代理转账业务552.8万笔、32.04亿元。银行卡助农取款服务工作得到人民银行总行高度认可，相关创新经验收录进人民银行总行发布的《农村普惠金融服务点　支付服务点技术规范》行业标准。

二是深化融资担保体系建设。持续推进政府组建、行业协作、商业运作、村级互助等四级担保体系建设。截至2018年末，9个县（市、区）已经全部完成了政策性融资担保公司的组建工作；市级政策性融资担保公司与9家银行机构签订了担保合作协议，进一步完善了银担合作机制。全市共成立了包含食用菌、渔业、民宿、畜牧及畜禽养殖等行业在内的行业性担保组织10家；建立村级互助担保组织达216家，累计为农户提供担保14.9亿元。

三是持续开展农村外汇服务平台建设。持续巩固在全国率先开展的村级外币代兑和个人外汇贷款业务。截至2018年末，设立的1家外币代兑公司、10家村级外币代兑点、4家外币兑换便利店累计办理代兑业务44.5万笔、13.6亿美元；发放个人外汇贷款15960.27万美元。

四是开展乡村金融组织体系建设。农村信用社股份制全面完成，辖内9家农村信用合作社全部改制为农村商业银行，并设立“三农”战略委员会。市农行、邮储均成立了普惠金融部，组织体系持续优化。积极引进各类银行业金融机构，台州银行、华夏银行陆续入驻丽水。启动集信贷服务、支付服务等功能于一体的乡村振兴金融服务所组建工程，全市首个服务所已经在云和县成功设立。

五是开展直接融资服务平台建设。积极推进企业上市融资工作。截至

2018年末,全市已有5家境内外上市公司、25家新三板挂牌企业;引导金融机构为两家公司完成了31亿元的非公开定向债务融资工具(PPN)备案工作。

(四)积极谋划,开展金融支持乡村振兴试验区申报工作

积极推进向国务院申报丽水市金融支持乡村振兴改革试验区工作。

一是研究谋划试验区建设方案。组织起草《丽水市金融支持乡村振兴改革试验区建设方案》,经多次征求意见并修改后,丽水市政府向省政府报送了《关于丽水市申报金融支持乡村振兴改革试验区的请示》,正式行文启动了试验区申报工作。

二是完成丽水农村金融改革试点评估。为有效支撑试验区申报工作,2018年初丽水市政府委托中国人民大学对丽水农村金融改革试点开展了评估工作。在对全市3000多户农户及600家企业开展现场调查问卷的基础上,历时近4个月,于2018年9月完成了试点评估报告,并在北京组织召开了评估报告专家论证会。会后,中国人民大学公开发布了丽水农村金融改革评估报告。目前,评估报告已作为试验区申报附件材料随文上报。

(本报告由中国人民银行杭州中心支行提供)

第十章　2018年度衢州绿色金融发展报告

一、2018年度衢州绿色金融发展总体推进情况

2018年是全面贯彻党的十九大精神的开局之年，也是“活力新衢州、美丽大花园”建设起步之年。一年来，在人民银行总行、人民银行杭州中心支行和市委市政府的坚强领导下，在各级各部门的支持配合下，在全市金融机构的共同努力下，衢州绿色金融改革创新工作按照“大花园”统领、大平台集聚、大数据支撑、大联动服务的发展模式，探索绿色金融与经济高质量发展、促进“两山”理论转化路径，建立“目标定位更加清晰、协作机制更加完善、发展基础更加牢固、产品体系更加多元、改革成果更加丰硕”的良性格局。主要体现在以下几个方面：

一是绿色信贷总量快速增长。2018年末，全市绿色贷款余额596.63亿元，同比增长90.83%，占全部贷款的比重为26.54%，比上年末提高10.31个百分点。绿色信贷增长有效促进了传统工业的转型升级，到2018年末，全市工业企业高新企业产值159.10亿元，占工业总产值的比例由年初的8.66%提高到9.33%，提高了0.67个百分点。

二是绿色债券发行进展顺利。发行全国首单“绿色双创金融可转债”，促成发行绿色金融债30亿元（其中全国首单小微企业专项绿色金融债15亿元）、中期票据10亿元。

三是绿色保险保持全国领先。在全国首创安全生产和环境污染综合责任保险，将以往安全生产责任保险、环境污染责任保险和危险品运输保险

“三险合一”,以覆盖企业自身实际经营过程中不同的风险情况,并在全市推广;推出生猪保险和无害化处理机制,保障舌尖上的安全,从源头解决畜禽的环境污染,在全省全面推广,实现生猪投保率、死亡生猪无害化处理率、死亡生猪理赔率“三个100%”;首创电动自行车综合责任保险,为市民绿色出行提供强有力的保障,2018年末,全市已有28万辆电动自行车办理综合责任保险。

四是个人碳账户取得重大突破。在全国首创融合金融属性、公益属性、共享属性于一体的银行“个人碳账户”体系,通过碳积分引导广大居民自觉践行绿色生活理念,填补绿金改个人领域“空白”。全年共开立个人碳账户181.7万户,个人客户通过绿色支付、绿色出行、绿色生活等绿色行为减少碳排放4433吨。

五是金融支持废弃物处置获全国试点。创新绿色信贷产品和融资担保模式,帮助养殖企业进行转型升级,形成畜禽养殖废弃物无害化处理资源化利用的“开启模式”和“集美模式”,获全国“金融支持畜禽粪污处置和无害化处理”工作试点。

六是率先建成绿色贷款专项统计信息管理系统。成功解决绿色金融统计范围不全、统计口径不一的问题,统一绿色贷款指标体系,实现“金融机构一次性报数、管理部门数据共享、系统自动生成各类报表”等功能。2018年12月12日,中国人民银行金融研究局在衢州召开系统试运行现场会,该项工作获得总行陈雨露副行长的批示肯定。

七是绿色金融标准逐步建立。衢州市从绿色项目、企业、产品、机构、金融统计多个领域建立标准,逐步形成地方绿色标准体系,为市场监管、政策支撑及企业转型提供着力点。

2018年12月,浙江省人民政府朱从玖副省长在衢调研期间,对衢州的绿色金融改革创新工作给予了“共识度非常高、成果非常显著”的“两个非常”的高度评价。

二、衢州绿色金融改革创新主要做法

(一)理论先行,指导实践

一是研究绿色金融改革创新试验区绿色企业评价标准的构建与应用。该研究从当前衢州市绿色金融改革创新实践中绿色企业标准建设的紧迫性和必要性出发,借鉴国内外绿色企业标准建设经验,构建一套与国家政策相符、与衢州实情相适的试验区绿色企业标准,结合衢州传统产业改造转型实际情况拓展指标维度,从政策符合性、环境改善性、环境影响性、行业先进性等指标进行评价,通过构建层次分析模型,对企业是否为绿色以及绿色程度进行评价,界定企业(项目)绿色程度,形成试验区改革创新的绿色指引。

二是研究绿色金融纳入"双支柱"调控框架。该研究分析绿色金融纳入"双支柱"政策框架的必要性和可行性,探索将绿色金融纳入"双支柱"政策框架对建立绿色资金配置的正向激励约束机制、降低绿色融资成本、提供长期稳定的专项资金以及激发金融机构内生动力的有效途径,形成可推广、可复制经验,具有较强的可操作性,对绿色金融纳入"双支柱"政策框架进行了有益探索。

三是研究衢州市绿色金融信用信息共享平台建设。该研究以电子政务中心大数据云平台为信用信息数据的主要来源,采取"政务云+金融专网"的方式架设平台网络,便利政府部门、金融机构和企业等社会经济主体数据报送与查询,并开发绿色金融信用信息查询与风险预警等子系统,为衢州市绿色金融信用信息平台的建立提供了建设性的指导意见,其中的设计框架是平台项目计划的重要决策依据,也为对接项目开发需求设计提供了有效的参考。

四是研究绿色金融政策支撑体系。该研究以绿色金融政策的经济学理论框架为基础,通过对绿色金融政策国内外经验的梳理以及衢州实践的分析,对衢州现有的绿色金融改革主要政策支持文件进行了研究与讨论,为进一步完善衢州市绿色金融政策体系提出了相关建议,以此来推动衢州的绿色金融改革创新试验区建设工作。该研究在指导衢州实践绿色金融改革过程中,既明确了衢州绿色金融政策的支持定位和支持模式,也明确了衢州绿色金融政策在不同时期的支持重点。

目前,绿色企业评价标准与绿色金融信用信息共享平台建设已进入实践阶段,依据《衢州市打造"信用示范城"三年行动方案》,构建"531X"工程中金融领域应用的"X",运用绿色企业、绿色项目评价方法,建设金融服务信用信息共享平台,对衢州市绿色发展情况进行采集、分析、评价及应用,为企业的绿色化转型提供有力支撑。同时,绿色金融纳入"双支柱"调控框架研究也为人民银行总行制定《银行业存款类金融机构绿色信贷业绩评价方案》提供了参考,有关指标体系被总行采纳,真正实现从理论研究到指导实践。

(二)顶层设计,政策保障

一是制定推进绿色金融改革创新试验区发展的政策意见。印发《衢州市人民政府关于加快推进国家绿色金融改革创新试验区建设的若干政策意见(试行)》(衢政发〔2018〕16号),建立绿色金融专项资金,充分运用奖励、补助、补偿等手段调动金融机构建设试验区的积极性和主观能动性。

二是将绿色金融纳入"双支柱"政策框架。在全国率先制定《绿色金融纳入"双支柱"政策框架暂行办法》,构建了由7个定量指标和6个定性指标组成的绿色金融综合指标体系,并将评价结果作为执行货币政策工具、实施宏观审慎评估(MPA)、开展综合评价等重要因素。其中,5个量化指标获人民银行总行采纳,并在全国推广。同时,出台绿色信贷工作指导意见,专门切出30%的合意贷款定向支持绿色信贷,分别单列30%的再贷款、再贴现规模支持绿色发展,对绿色信贷占比较高的金融机构优先给予再贷款再贴现政策支持,对绿色信贷占比低于10%的金融机构,原则上不再给予再贷款再贴现政策支持。2018年以来,累计发放再贷款再贴现资金5.38亿元。

三是将绿色金融发展绩效纳入财政资金竞争性存放评价指标体系。发挥财政资金的引导作用,在竞争性存放资金文件中将"绿色金融"相关指标设置标准化,新增了4项绿色金融指标,将绿色金融的权重从5%提升到

30%。该制度实施以来开展了3次财政资金招投标，22家中标机构中绿色金融发展绩效指标排名前5的机构共获得50%的财政资金。

四是建立绿色金融行业自律机制。为通过机制建设规范引导标准制定和制度创新，经多方协商，确定由农业银行、浙江省农村信用社联合社衢州办事处、稠州银行、人保公司等机构发起覆盖银证保的行业自律机制，共同签署《衢州市绿色金融行业自律公约》，督促成员单位落实绿色金融自律准则和业务规范，约束和激励成员行为，规范绿色金融业务，防范市场主体恶性竞争、无序发展，维护和培育绿色金融生态环境的市场机制。

（三）标准支撑，规范发展

一是建立绿色企业和项目标准。绿色企业标准评价体系包括业务表现、行业表现、环境表现、社会表现、公司治理、资质与荣誉6项一级指标。一级指标下设19项二级指标，二级指标下设41项三级指标。各个指标区分不同的权重，按照分数高低确定企业绿色深浅度。绿色项目标准体系包括政策符合性、环境改善性、环境影响性、行业先进性4项一级指标。一级指标下设10个二级指标，二级指标又下设若干个三级指标。同样按照分数高低划分项目绿色等级。建立绿色发展企业项目库，涵盖200个项目、预计总投资2977亿元。

二是建立安环险标准。在全国率先制定了《衢州市安全生产和环境污染综合责任保险服务规范》和《规范编制说明》，促使保险向“保险＋服务”模式转变，并引入了第三方安环服务机构。2018年末，全市共有安环险参保企业137家，安环险保费收入合计1300万元，提供风险保障120亿元，接到各类报案37起，共计赔款金额220万元，赔付率24%左右。

三是建立专营机构标准。制定《绿色金融试点行、示范行培育办法》和《评审办法》，设置28类103个指标，首次对绿色专营机构提出了系统性、全量化、可操作的标准。目前辖内已有绿色金融事业部26家，绿色金融示范行2家，绿色金融试点行19家，80%的机构都设立了绿色金融事业部，绿色金融试点行达19家，已培育绿色金融（循环农业）示范行1家、绿色金融（绿色园区）示范行1家。

四是建立法人机构绿色银行标准。鼓励农信法人机构"法人先行"整体向绿色银行转型,将当前正在实施的《普惠金融提升工程五年行动计划》与绿色信贷、绿色支付、绿色生态等建设挂钩。在信贷审批上,制定《客户环境风险计量评估办法》,量化客户绿色风险等级。制定《绿色金融关联映射标准》,开通绿色通道。目前6家农商行全部单列绿色金融事业部,探索建立绿色专营机构11家。

五是建立金融统计标准。为解决绿色金融统计范围不全、统计口径不一的问题,在人民银行、银保监会现有12类绿色贷款用途的基础上,结合衢州"传统产业绿色改造转型"工作重点,增加6类绿色贷款用途,形成了一套全市统一、具有衢州特色的绿色贷款统计"衢州标准",并实现从金融机构报数端、管理部门应用端两方面分阶段推进系统建设。辖内32家报数机构于2018年10月至2018年12月的绿色贷款明细数据已成功导入,也已经自动汇总形成相关绿色贷款统计报表。

专栏1:举办绿色贷款专项统计现场会

绿色贷款专项统计是绿色金融改革创新试验区建设的重要基础性工作,人民银行、银保监会均要求金融机构报送绿色贷款统计报表,但报表口径、内容、样式、报送频度不尽相同。基于此情况,人民银行会同市金融监管部门启动了衢州绿色贷款专项统计信息管理系统建设。经过6个月的集中攻坚和2个月的试运行,2018年12月,绿色贷款专项统计信息管理系统正式在全辖上线运行,实现了"统一绿色贷款指标体系、金融机构一次性报数、管理部门数据共享、系统自动生成各类报表"等功能。

2018年12月12日下午,中国人民银行金融研究局在衢州召开了绿色贷款统计信息管理系统试运行现场会,时任中国人民银行金融研究局副局长周诚君等领导出席会议并作重要讲话。绿色金融改革创新试验区五省七地区的代表,河南郑州、南阳和广东肇庆的代表共30多人参加了会议。周诚君对衢州绿色金融改革创新试验区建设成果作了充分肯定,他在讲话中指出,衢州市中支开发该系统充分贯彻落实了陈雨露副行长在湖州绿色金融改革创新试验区建设工作座谈会上的讲话精神对建设绿色金融改革创新试验区具有重要意义。该会议情况简报得到总行陈雨露副行长的批示肯定。

（四）产品创新，激发活力

一是创新支持畜禽养殖废弃物无害化处理资源化利用模式。浙江开启能源科技有限公司以生猪粪污为主要原料，通过厌氧发酵生产沼气，经发电机组发电后并网销售，剩下的沼气沼渣加工成液态肥和固态有机肥，创建形成了“生猪粪污—沼气发电—沼质肥—农作物”的生态循环农业模式。在金融支持上，一方面，通过普惠快车信用贷、传统抵押贷等方式给予2500万元信贷资金；另一方面，创新融资担保模式，以项目建设财政补助款为质押物发放应收账款质押贷1000万元，以发电收益权为质押物发放贷款700万元，从而有效满足公司发展的资金需求。在2018年12月中财办、人民银行于江西共青城联合召开的“金融支持畜禽粪污处置和无害化处理试点现场会”上，衢州市被确定为全国“金融支持畜禽粪污处置和无害化处理”的两个地市之一。

二是创新推出个人碳账户。依托近年来持续深入实施的“智慧支付”系列工程，指导辖内银行机构充分运用金融科技手段，通过发掘银行账户系统蕴含的绿色支付、绿色出行、绿色生活等大数据，制定《衢州市银行业金融机构个人碳账户体系构建实施方案》，全方位采集个人绿色行为。在全国首创融合金融属性、公益属性、共享属性于一体的银行“个人碳账户”体系。

专栏2：个人碳账户

目前衢州市的银行“个人碳账户”平台主要包括绿色支付、绿色出行、绿色生活三大模块，下设14个一级子模块和42个二级子模块，现有数据模块涵盖各类支付方式、绿色出行的公交车自行车IC卡使用、家庭用水用电、五水共治和垃圾分类参与、家庭人口从事绿色产业、负面清单等六大方面。采用积分方式形成“个人碳账户指数”，从纸张、用电用水、交通碳排等维度综合折算个人绿色行为节省的碳排放量，进而以成本倒算法确定“个人碳账户”积分。客户可通过“个人碳账户”微信小程序,实时查询碳账户指数(积分)变动情况及对应的个人绿色行为。同时,可享受通过碳账户指数(积分)线下兑换绿色生活用品、认领有机蔬菜水果以及合作商户消费抵扣等权益。截至2018年末,全市农信系统6家农商行开立个人碳账户181.7万户,个人客户通过绿色支付、绿色出行、绿色生活等绿色行为减少碳排放4433吨。该项工作得到了朱从玖副省长的充分肯定。

三是创新绿色信贷产品推广。在绿色信贷端,出台绿色信贷指导意见,创新推广“五水共治”贷、排污权质押贷、合同能源管理贷、“金屋顶”光伏贷等绿色信贷产品,助力企业绿色转型。全市绿色贷款平均利率5.85%,低于各项贷款利率1.13个百分点。在绿色市场端,推动浙江泰隆商业银行成功发行全国首单15亿元小微企业专项绿色金融债券;推动浙江稠州商业银行成功发行首期15亿元绿色金融债券;推动市国资公司发行10亿元中期票据投向海绵城市建设。同时,创新设立科技金融合作贷款贴息新模式,截至2018年12月末,共发放贴息3150万元,深化“绿色金融资金风险池”业务,12月末余额达4975万元,以财政资金撬动金融资源流向绿色领域。

(五)健全设施,增强合力

一是加强绿色信用信息基础数据库建设。将经济主体绿色信用信息纳入人民银行企业征信系统,打破部门割据和信息孤岛。市发改委信用办已与境内31家银行机构签订了信用信息共享合作备忘录,并与市人民银行共同建设绿色金融信用信息平台。同时,市人民银行依托市政府“政务云”平台,联合市发改委推动集绿色信用信息“评价、监管、应用”功能为一体的绿色金融信用信息共享平台建设,并形成《衢州市绿色金融信用信息共享平台建设方案》报市经信委,联合申报2019年政府投资信息化建设项目。

二是加强绿色支付与绿色国库技术支持。“智慧支付”优化升级,完成《衢州市智慧支付优化升级行动方案(2018—2020)》,实现全域覆盖的智慧支付示范工程,全年单位GDP移动支付业务量位居全省地市首位。实践上,成功推动银联卡、手机移动支付覆盖全市47条线路、443辆公交车;创建完成7

个智慧停车场和32个智慧农贸市场;全市21家二级以上医院和11家乡镇卫生院接入医疗移动支付APP;各银行机构申报创建26个移动支付示范商圈;共创建智慧景区26个、智慧农牧场51个。在绿色国库方面,拟定退拨款无纸化操作流程,进一步深化退拨款绿色通道。通过TIPS系统和TCBS系统实现支付宝直接缴税功能和海关税款电子扣税与缴库功能。

(六)成果交流,提升影响

一是发出绿色金改的“衢州声音”。衢州作为“绿金改”试验区代表,在人总行组织召开的绿色金融改革创新试验区建设座谈会上发言,汇报交流衢州“绿金改”试验区建设工作,得到与会代表的一致好评。同时,在第十四届北京国际金融博览会、第二届(2018)钱塘江论坛上,衢州作为唯一以绿色金融为主题的单位参展,绿色金融改革创新成果亮相。举办绿色金融改革创新试验区建设成果新闻发布会,王良春副市长在会上介绍,衢州绿色金融改革创新以“传统产业绿色化改造转型”为主线,紧密结合市情,高起点谋划,高标准建设,形成了以“标准、产品、政策、流程”为核心要素的改革成果。整个成果发布会共计被31家中央媒体、7家省级媒体集中进行宣传报道35篇次,扩大了衢州绿色金改的影响力。

二是打响绿色金改的“衢州品牌”。成立浙江省地市首家绿色金融专业委员会,编制了全国首份地方版《绿色金融发展报告》,并与《绿色中国》杂志社合作出版发行《绿色金融(衢州)专辑》。汇编91个绿色金融助推绿色发展的“典型案例”,开展绿色金融行长朗读者等主题活动,举办绿色金融改革创新业务劳动竞赛,激发金融机构参与绿色金融改革的活力,不断凝聚绿色金融发展共识,形成绿色金改合力,提升衢州绿色金融改革创新影响力。

专栏3:绿色金融改革创新业务劳动竞赛

为激发全市金融机构投身绿色金融改革创新的内生动力,营造绿色金融助推“活力新衢州、美丽大花园”建设的浓厚氛围,推动绿色金融由点向面纵深发展,践行“绿水青山就是金山银山”的理念,人行衢州市中支联合市总工会、金融办、市银监局等部门举办了衢州市绿色金融改革创新业务劳动竞赛,并于2018年3月联合下发文件。历经理念学习、项目申报、培训指导、项目实施、初赛选拔、决赛汇演六个阶段为期一年的筹备和实践,共有35个单位申报了共计47个项目,经过层层筛选,其中有17个项目进入决赛汇演环节。

2018年11月8日,衢州市绿色金融改革创新劳动竞赛决赛在人民银行衢州市中心支行举行。最终评出一、二、三等奖共14支队伍。17支代表队在讨论和实践的氛围中充分碰撞,比赛现场氛围热烈,台上台下互动频繁,获奖的项目中有些已成为绿色金改的“衢州样本”“衢州经验”“衢州素材”,有些已从“理论研究”转化为“实践应用”。最终人保财险的《标准助推绿色发展——人保财险全国首创安环保险衢州标准》以其具有前瞻性的产品设计获得一等奖。这是衢州绿色金改一年多摸索前行的精彩总结,金融机构通过相互学习借鉴,不断完善推广可复制的产品和服务,让优秀项目成果在更大范围内发挥作用。比赛由中国人民银行衢州市中心支行、衢州市总工会、衢州市金融工作办公室、衢州银监分局共同承办。同时,大赛还邀请到了杭州中支、总工会、市金融办、银监局及复旦大学绿色金融研究中心、衢州学院经贸管理学院的各位领导作为特邀评委。各位评委充分肯定了衢州的绿色金融改革创新工作,并提出要使今天的绿色“盆景”转化为衢州市绿色金融的风景,全心践行习近平总书记“两山”理论和浙江省“八八”战略。竞赛成果和精彩瞬间汇编成《绿色金融改革创新业务劳动竞赛》。

(本报告由中国人民银行杭州中心支行提供)

第十一章　2018年度湖州绿色金融发展报告

作为习近平总书记“两山”理念的诞生地，湖州市全面贯彻落实习近平新时代中国特色社会主义经济思想，自觉承担起践行“两山”理念模范生、样板地的历史使命，对照中国人民银行等国家部委对湖州绿色金改试验区建设的期望和要求，开拓进取，务实奋进，积极探索绿色金融改革创新的地方实践。自2017年6月获批建设国家绿色金融改革创新试验区以来，湖州市按照试验区建设方案明确的各项目标任务，践行绿色理念，构建绿色金融，推动绿色发展，取得了阶段性成效。2018年，湖州市被中央财办确定为践行习近平新时代中国特色社会主义经济思想的绿色金融典型调研点，全国绿色金融改革创新试验区建设座谈会、全国银行业绿色金融工作交流推进会、中国证券业协会绿色证券专业委员成立大会相继在湖州召开，中国证券业协会绿色证券专业委员会永久会址落户湖州，全球绿色金融领导力（湖州）研讨会开启了湖州市与“一带一路”国家绿色金融工作的交流与合作。在由新华社中国金融信息中心和复旦大学绿色金融研究中心等单位联合发布的《长三角“40＋1”城市群绿色金融发展竞争力研究报告》中，湖州市绿色金融发展竞争力综合评分位列第一。

一、2018年度湖州绿色金融改革创新概况

(一)基本情况

1. 绿色金融组织体系

截至2018年末,湖州市已建立绿色金融专营机构17家,其中绿色专营支行9家、绿色金融事业部8家,地方法人金融机构中城商行和农信系统实现绿色金融专营机构全覆盖。农行湖州分行成为全国农行系统绿色金融试点机构,并突破性地新设立了一级部门绿色金融事业部;华夏银行湖州安吉支行转型升级为绿色支行,成为股份制银行设立的全国首家绿色支行。在制定绿色银行评级办法、绿色专营机制评价标准的基础上,探索创新绿色专营模式和"六单"绿色信贷管理模式。湖州市对4家绿色专营机构开展绿色金融评估,持续跟进绿色银行专营体系的建设规范性(见表11-1、表11-2)。

表11-1 湖州市绿色专营支行(截至2018年末)

序号	成立时间	机构名称	备注
1	2017年6月	浙江南浔农村商业银行练市绿色支行	全国首家绿色支行
2	2017年6月	湖州银行递铺绿色小微企业专营支行	
3	2017年9月	中国农业银行湖州绿色专营支行	农行系统全国首家
4	2018年2月	中国建设银行安吉人民路绿色专营支行	建行系统全国首家
5	2018年3月	中国农业银行安吉余村绿色专营支行	
6	2018年8月	浙江长兴农村商业银行经开区绿色专营支行	
7	2018年10月	中国工商银行安吉天目路绿色专营支行	工行系统全省首家
8	2018年11月	华夏银行湖州安吉绿色支行	股份制银行全国首家
9	2018年12月	浙江德清农村商业银行地信绿色支行	

表11-2　绿色金融事业部(截至2018年末)

序号	成立时间	机构名称	是否合署办公	备注
1	2016年5月	浙江安吉农村商业银行绿色金融事业部	否	农信机构系统全国首家
2	2016年8月	湖州银行绿色金融事业部	否	
3	2017年7月	浙江南浔农村商业银行绿色金融事业部	否	
4	2017年7月	浙江德清农村商业银行绿色金融事业部	否	
5	2017年9月	湖州吴兴农村商业银行绿色金融事业部	否	
6	2017年12月	中国农业银行湖州分行绿色金融事业部	否	农行系统市分行层面全国首家
7	2018年6月	中国银行湖州市分行绿色金融事业部	否	中行系统市分行层面全国首家
8	2018年7月	浙江长兴农村商业银行绿色金融事业部	否	

2. 绿色信贷

湖州市自2016年起探索区域绿色金融统计，于2017年6月正式实施。按照湖州地方统计口径，截至2018年末，全市绿色贷款余额829.52亿元，占全部贷款余额的21.34%，比年初新增156.8亿元，全市金融机构贷款新增量的25.91%来自于绿色贷款。从结构看，截至2018年末，湖州市中长期绿色贷款余额572.68亿元，比年初新增90.07亿元，占全部绿色贷款的69.04%。从分类看，截至2018年末，湖州市“生态保护和适应气候变化”类贷款余额378.72亿元，比年初新增30.84亿元，是绿色贷款的主要组成部分，占全部绿色贷款的45.66%。从贷款质量看，截至2018年末，全市绿色不良贷款余额3528万元，不良贷款率0.04%，远低于全市0.72%的平均水平(见表11-3)。

表11-3　绿色贷款(湖州统计口径)

项目	2018年末余额/亿元	2017年末余额/亿元	同比增减幅/%
全市绿色贷款(湖州统计口径)	829.52	672.72	23.31
生态保护和适应气候变化项目的贷款	378.72	347.89	8.86

续表

项目	2018年末余额/亿元	2017年末余额/亿元	同比增减幅/%
污染防治项目的贷款	96.63	44.17	118.76
生态经济产业链项目的贷款	9.44	9.29	1.67
节能减排项目的贷款	84.07	54.26	54.94
清洁交通项目的贷款	75.97	78.73	−3.50

中国人民银行2018年初发布《绿色贷款专项统计制度》，并于2018年3月开始在全国范围内实施：一是对绿色贷款进行统计，包括对节能环保项目及服务贷款的统计；二是对存在环境、安全等重大风险企业贷款的统计。根据人民银行总行统计口径，截至2018年末，湖州市绿色贷款余额430.82亿元，比年初新增61.33亿元，同比增长16.60%。全市绿色贷款余额占比达11.09%，高于全国平均水平5.28个百分点，在五省八地试验区处于领先水平(见表11–4)。

表11–4 绿色贷款(人民银行总行统计口径)

项目	2018年末余额/亿元	2018年初余额/亿元	同比增减幅/%
全市绿色贷款(人民银行总行统计口径)	430.82	369.49	16.60
绿色农业开发项目的贷款	6.46	3.59	79.97
绿色林业开发项目的贷款	15.62	6.83	128.84
工业节能节水环保项目的贷款	38.28	17.61	117.42
自然保护、生态修复及灾害防控项目贷款	163.77	111.93	46.31
资源循环利用项目的贷款	8.71	4.05	115.26
垃圾处理及污染防治项目的贷款	58.62	54.97	6.64
可再生能源及清洁能源项目的贷款	31.33	17.93	74.74
农村及城市水项目的贷款	38.67	47.22	−18.11
建筑节能及绿色建筑项目的贷款	14.09	19.88	−29.13
绿色交通运输项目的贷款	46.24	79.73	−42.00
节能环保服务贷款	9.04	5.76	56.86

3. 绿色保险

2018年，湖州市绿色保险累计保费收入5861.3万元，累计理赔支出3643.5万元。湖州市在全国范围内率先全面推进环境污染责任保险试点工作。积极发挥保险第三方监督作用，借助全国首创的“保险＋服务＋监管＋信贷”模式，通过保险监督、环保监管、信贷联惩，培育企业的环保意识，提升环境风险防控能力。2018年，全市174家应承保重点行业环境污染责任险的试点企业，体检率、承保率均为100%，签单保费达到628.58万元，共计提供保障2.97亿元。内河船舶油污损害责任保险破题启动，已投保船舶77艘、4.35万元。此外，还探索推出了芦笋价格指数保险、白茶低温气象指数保险、蚕茧目标价格保险、杨梅采摘期降雨指数保险等绿色保险产品。

4. 绿色证券

（1）绿色债券。鼓励地方法人银行和企业发行绿色债券，开展绿色资产证券化，相继实现了贴标化管理的绿色债券和绿色金融债券的新突破，共发行贴标绿色债券25亿元，是五省八地试验区中绿色金融债发行最多的地方。2018年11月15日，安吉农村商业银行成功发行了总额为3亿元，票面利率4.6%，期限3年的绿色金融债券。2018年12月，湖州银行第一期5亿元规模的绿色金融债在银行间市场成功发行，债券期限为3年期，债项评级为AA，中标利率为4.0%，创同期同评级金融债发行利率新低，全场认购倍数达3.94倍。此外，德清农村商业银行也在全国银行间债券市场通过簿记建档成功发行绿色金融债券，发行规模为2亿元，发行利率4.0%，期限为3年。

（2）绿色股票。湖州市积极开展企业上市和并购重组“五年倍增”行动，围绕“4＋3＋N”绿色产业体系，以及“两高六新”（高成长、高科技、新经济、新服务、新能源、新材料、新农业、新模式）企业，实施企业股改培育、企业上市倍增、并购重组提速、上市公司产业引领四大计划，着力推动绿色企业上市。2018年全市新增绿色上市公司2家，分别是中源家居股份有限公司和长城电工科技股份有限公司。

5. 绿色支付

湖州市深入实施“移动支付便民示范工程”，在1500余辆公交车上实现移动支付场景应用，完成对36家医院、25个政府税费缴纳点、13个公共事业费缴费点、10个菜场的智慧支付项目。创新实施金融IC卡积分与个人低碳出行、垃圾分类等行为挂钩,构建绿色个人信用信息库,对环保表现积极的客户给予信用贷款支持并实行利率优惠,通过绿色金融在全社会树立绿色生活理念。

6. 绿色金融新业态

(1)绿色金融新业态。湖州市积极培育绿色金融市场主体,全力打造以太湖绿色金融小镇为龙头的新金融集聚平台,积极培育基金投资、融资租赁、金融科技等绿色金融新业态。目前银河金控、中证报价系统、中国白银、汇智国际金融等一批业内龙头企业已落户太湖绿色金融小镇。截至2018年末,全市各类金融新业态累计达2404家,管理资本4180亿元。

(2)环境权益交易。湖州市探索环境权益交易和融资,不断激活排污权二级市场,2018年完成第二轮排污权有偿使用和交易企业1078家、金额达到2.942亿元。开展排污权电子竞价4期,共有51家(次)企业成功竞得各项污染物、核定金额218万元。通过政府回购形式收储企业多余排污指标,共计收储回购12家企业排污权、回购金额269.95万元。在此基础上,建立排污权抵押贷款制度、抵押公示制度,排污权抵押贷款超过1亿元,切实让企业无形的排污权资产真正成为企业有价值的资源。

(二)主要成效

一是绿色金融服务污染治理,环境质量持续改善。"金融+"与"生态+"深度融合,推出了"环境污染责任保险""园区贷"等百款绿色金融产品,构建了"环保一票否决制""环保负面清单"等授信管理机制,打造了"垃圾分类信用积分""治水公益绿币"等金融公益典型案例。在绿色金融积极助推下,湖州市连续多年获得美丽浙江考核优秀市,国家"水十条"13个考核断面100%达到考核要求,空气质量优良率提升至71%。环境污染治理投资占GDP比重、生活垃圾无害化处理率、PM2.5浓度降幅等多项指标均居浙江省前三位。

二是绿色金融服务乡村振兴,生态优势持续凸显。绿色金融与普惠金融协同发展,率先开展了农村综合产权抵质押贷款试点,创新了"整村授信"等惠农金融模式,打造了"美丽乡村贷""两山农林贷"等创新信贷产品。在绿色金融的创新支持下，湖州市成功创建浙江省唯一的“国家现代农业产业园”，农业现代化发展水平综合评价实现“五连冠”；累计建成精品村56个、3A级景区村庄19个、美丽乡村示范带19条；农村居民人均可支配收入同比增长9%，城乡居民收入比进一步缩小至1.65∶1，远低于全国、浙江省平均水平。

三是绿色金融服务风险防控，金融环境持续向好。坚持完善制度环境与激发市场内生动力有机结合，推动绿色金融理念深入人心，绿色金融体系健康运行。2018年末，全市绿色信贷余额（湖州统计口径）占全部贷款比重达21.34%，银行机构25.91%的贷款增量来自绿色信贷，绿色金融成为商业银行新的业务增长点。在绿色金融的有力引导下，金融风险得到有效管控，金融生态环境持续向好，金融业运行总体稳健。2018年末，全市不良贷款率0.72%，信贷资产质量居浙江省第二位，其中绿色信贷不良率仅0.04%。

二、湖州绿色金融改革创新主要经验

（一）在推进路径上，坚持国家战略与地方特色协调融合

结合湖州特色，高标准、清单制编制试验区建设方案、推进机制和重点任务，科学谋划绿色金改试验区建设路径。

一是大格局推进。成立了以市委书记、市长为双组长的试验区建设领导小组，44个成员单位密切配合、联动推进，并积极争取国家部委及省级有关部门的支持，强化与行业组织、金融机构的合作，努力构建多方联动、共建共创的工作格局。先后与中国金融学会绿金委等研究机构建立战略合作机制，与5家省级金融机构、19家省内总部金融机构签订战略合作协议，推动多家银行上级行制定定向支持湖州绿色金改试验区建设的政策。

二是高起点谋划。在编制绿色金融发展规划的基础上，制定出台绿色金融改革创新试验区实施方案、行动计划和考核体系，明确三个阶段、五大目标、21项具体任务，并排出了政策、改革、任务、产品“四张清单”。

三是系统化联动。打出财政、货币、监管、司法等系列政策组合拳，创新

建立差别化的绿色贷款贴息机制和绿色信用贷款风险补偿机制，最大限度地发挥财政资金的激励和撬动作用。每年投入财政资金10亿元，在全国率先建立再贷款货币政策工具支持绿色信贷专项机制和绿色信贷纳入MPA考核机制，已发放支绿型再贷款10.5亿元；同时将全市9家地方法人银行机构绿色信贷表现纳入MPA。制订服务保障试验区建设18条司法意见，通过制度化管理、专业化审理、网络化服务，为绿色金融改革创新提供司法保障。强化行业自律规范，建立全国第一个涵盖银证保的绿色金融行业自律机制，着力平衡探索创新和防控风险的关系，与金融监管他律结合，营造良好的绿色金融发展环境。创新“EAST＋绿色金融”智慧监管工具，对128家“中国制造2025”省级重点企业的贷款及表外融资情况开展动态监测。

(二)在服务体系上，坚持金融产品与服务模式不断革新

围绕绿色金融领域先行先试的要求，坚持市场化思维，立足可持续发展，努力构建以绿色金融产品服务创新承载试验区建设的商业模式。

一是积极深化绿色信贷创新。推动全市银行机构加快绿色信贷产品和服务创新，编制绿色信贷产品清单，全市35家银行机构共开发绿色金融创新产品114款。如湖州银行推出“绿色园区贷”产品，为吴兴区砂洗城园区建设和园内企业生产经营提供贷款，不仅帮助园区实现了统一供能和污染排放处理，也促进了传统小微企业入园集聚和转型发展。据测算，小微企业入园前后对比，每年可减少污水排放100万吨，节电1300万千瓦时，减少沙尘排放12.6万吨。

二是大力推进绿色债券融资。编制全国首个自然资源资产负债表，鼓励地方法人银行和企业发行绿色债券，开展绿色资产证券化。相继实现了贴标化管理的绿色债券和绿色金融债券的新突破，发行贴标绿色债券25亿元。

三是着力推动绿色基金投放。积极建立以政府基金为引导，社会资本、金融机构广泛参与的绿色基金，创新绿色产业、绿色企业、绿色项目的金融支持模式。目前，全市已批准设立政府产业(母)基金8个，批准设立子基金42个，总规模达304.58亿元，共投资75个项目。

四是深化扩展绿色保险试点。积极推动环境污染责任保险试点，在全国范围内首先由试点工作转向全面推进，并首创“保险＋服务＋监管＋信贷”模式，发挥保险第三方监督作用，通过保险监督、环保监管、信贷联惩，培育企业的环保意识，提升环境风险防控能力。2018年，全市174家应承保重点行业环境污染责任险的试点企业，体检率、承保率均为100%，签单保费达到628.58万元，共计提供保障2.97亿元。内河船舶油污损害责任保险破题启动，已投保船舶77艘、4.35万元。此外，还探索推出了芦笋价格指数保险、白茶低温气象指数保险、蚕茧目标价格保险、杨梅采摘期降雨指数保险等绿色保险产品。

（三）在金融供给上，坚持产融结合与绿色发展同步落实

立足绿色产业创新发展和传统产业转型提升，不断深化产融对接。

一是做大绿色信贷规模。推动各银行机构积极向上争取绿色金融试点和资源支持，保持资金投放合理增长。2018年，全市新增社会融资规模699.99亿元（人民银行总行统计口径）；银行存贷款余额同比分别增长13.45%和18.44%，均居浙江省第二位；绿色信贷余额（湖州统计口径）占全部贷款比重达21.34%。创新搭建“绿贷通”银企融资服务平台，创新“信贷超市”和“银行抢单”两种模式，推动银行主动上门服务、企业不跑少跑银行，努力推动金融领域“最多跑一次”改革。截至2018年底，累计帮助6690家企业获得银行授信543亿元。

二是助推产业转型升级。制定出台“中国制造2025”示范城市建设指导意见，推动金融机构优化金融配置，调整信贷结构，全方位融入绿色制造、智能制造以及“4＋3＋N”绿色产业体系。推动金融机构全面执行“环保一票否决”制，将资源配置与“能耗”“污染”有机结合，倒逼传统产业转型提升，有序压缩落后产能融资规模，2018年末，全市“两高一剩”行业贷款比年初下降13.51%。

三是大力推动绿色企业上市。开展企业上市和并购重组“五年倍增”行动，围绕“4＋3＋N”产业体系，围绕“两高六新”（高成长、高科技、新经济、新服务、新能源、新材料、新农业、新模式）企业，实施企业股改培育、企业上市

倍增、并购重组提速、上市公司产业引领四大计划,着力推动绿色企业上市。2018年,新增绿色上市公司2家,新增上市公司数量居浙江省第三。

四是培育绿色金融市场主体。全力打造以太湖绿色金融小镇为龙头的新金融集聚平台,积极培育基金投资、融资租赁、金融科技等绿色金融新业态。目前银河金控、中证报价系统、中国白银、汇智国际金融等一批业内龙头企业已落户太湖绿色金融小镇。截至2018年末,全市各类金融新业态企业累计达2404家,管理资本4180亿元。

(四)在体制机制上,坚持绿色引领与绿色管理共同转型

着力构建多层次的金融组织体系和多维度的基础建设体系,不断完善制度机制设计。

一是建立绿色专营机构。在制定绿色银行评级办法、绿色专营机制评价标准的基础上,探索创新绿色专营模式和"六单"绿色信贷管理模式。如在农总行的支持下,农行湖州分行成为农行系统绿色金融试点机构,并突破性地新设立了一级部门绿色金融事业部。目前,全市绿色专营机构17家,其中绿色专营支行9家。对4家绿色专营机构开展绿色金融后评估,持续跟进绿色银行专营体系的建设规范性。

二是建立绿色企业(项目)绿色识别体系。探索建立全国首个地方性绿色融资企业和项目认定评价方法体系,以国家部委相关指引目录为编制依据,结合国际经验、国内相关标准和地方产业政策,从环境气候影响、社会责任表现、公司治理水平、地方绿色导向(将"亩均论英雄"A类、B类、C类企业纳入绿色企业评价体系内)等方面,建立可复制、可量化、易操作的认定评价指标体系,并针对小微企业多、金融机构绿色金融能力建设滞后的情况,构建"打分卡"模式,开发认定评价信息系统,实现对绿色企业和项目精准识别。同时,构建了"绿色目录+否定条件"的认定模式,对于"亩均论英雄"评价为D类、安全生产黑名单、有环境违法等企业,执行一票否决制,即使满足绿色目录,也不得评为绿色企业。共有281家企业、13个项目参与了绿色认定评价,其中有156家企业、8个项目通过了第三方中介机构复评,纳入全市绿色企业和项目预备库。

三是构建绿色信贷业绩评估体系。突出“机制建设”和“财务表现”两个核心，建立绿色信贷业绩评估的指标体系、评分标准、评估流程及评估质量保障体系，精准量化金融机构绿色发展水平，精准检索单个机构和整个系统的薄弱环节，为MPA等相关激励约束政策的落地实施提供客观依据。

四是构建绿色银行监管评价体系。构建全国首个地方性“绿色银行”监管评价体系，强化绿色监管的监督执行，从组织管理、机制管理、流程管理、经营目标等四个维度评估考量银行机构的绿色化程度，并建立涵盖“重点绿色领域、绿色风险、绿色信贷、绿色运营”四个维度共308个指标的监测体系，定期评估银行机构对重点绿色产业的支持力度、环境风险情况和绿色经营目标完成进度。

五是建立绿色信贷分类贴标机制。率先开展绿色信贷分类贴标试点，开展对公贷款进行绿色贴标，做到信用风险审核与绿色表现审查双同步、信用风险评级与绿色认定评级双标注。推动银行机构建立差异化的信贷政策，将绿色贴标结果与融资准入、贷款利率、授信额度、增信政策等挂钩，同等条件下对绿色企业和项目贷款给予更优惠利率、更优先的额度安排。

六是编制全国首个绿色银行综合发展指数(“绿茵指数”)。从宏观、中观、微观全面掌握绿色金融发展态势，填补了国内绿色银行发展区域性指标的空白。该指数体系一是以绿色评级体系为基础，提炼指标细项，构建“1＋4”的二层指标体系，突出绿色监管“重管理”的导向(管理指数占总指数的60%)，指导银行在绿色金融改革中不仅从绿色信贷的投放量来衡量，更应注重绿色管理机制的建立健全、绿色流程的改造等管理基础设施的建设。

七是建立全国首个绿色金融信用信息服务平台。为银行免费提供覆盖全市所有企业的以“公共信用信息＋绿色信息”为主要内容的企业信用档案查询服务，有效破解银企信息不对称难题，实现银行只需“最多查一次”、企业信用面貌全掌握。

八是在全国率先研究区域绿色金融发展指数。围绕基础建设、市场培育、生态贡献三大维度建立指标体系，以“定基比较法”实行无量纲化处理，实现对区域绿色发展的量化评估，客观评价湖州绿色金融发展质量与水平。

(五)在风险防控上,坚持严格监管与协调帮扶有机结合

坚持把金融安全作为绿色金融改革创新的底线,多措并举维护良好的金融生态环境。

一是全力防范化解不良风险。推动银行机构加快不良贷款处置,严格落实授信联合管控的要求,防范化解不良贷款风险。截至2018年末,全市不良贷款率0.72%,比年初下降了0.23个百分点,信贷资产质量居浙江省第二位。

二是全力阻断企业“两链”风险。落实困难企业分类帮扶机制,在杜绝企业恶意逃废债行为的基础上,督促银行严格落实不抽贷、不压贷、不贸然提起诉讼、不简单平移债务的“四不”要求,拆解担保链、处置案中案,尽全力阻断“两链”风险向外围传导蔓延。同时,深化企业授信总额联合管理试点,依托政策性融资担保和风险补偿机制,逐步降低企业互保贷款比重。

三是全力防范类金融风险。扎实推进“天罗地网”系统建设,将地方金融风险排查纳入网格化管理,通过线上大数据监测,线下网格化排查,强化金融风险监测、排查分析和防范处置,建立监督到位、防控有效的风险管理体系,坚决守住不发生区域性、系统性金融风险的底线。

(本报告由中国人民银行杭州中心支行提供)

第十二章　股权投资基金对浙江省实体经济的支持作用研究

股权投资基金起源于20世纪40年代的美国,1946年美国哈佛大学教授乔治·多里特在波士顿发起并注资340万美元成立美国研究与发展公司(ARD),专门为新兴的企业提供权益性启动资本,被业界认为是全球股权投资基金的首创之举。ARD的成功促进了私募股权投资在美国及世界各地的蓬勃兴起,随后迅速扩展到欧洲及亚洲地区。

中国的股权投资活动最早可以追溯到20世纪80年代中期的政府型基金。以90年代中央提出的“科教兴国”战略为肇始,1998年全国政协会议提出了鼓励风险投资的“一号提案”,2005年国家发展改革委会同科技部、证监会等十部委发布《创业投资企业管理暂行办法》,2007年新《合伙企业法》颁布实施,为股权投资引入了灵活便捷的操作机制……一系列政策举措的出台,大力推动了股权投资基金在中国的启动和发展。2013年,中央编办将包括私募股权、创业投资基金在内的私募基金监管职权调整至证监会。2014年,证监会启动登记备案与事中事后监管机制,股权投资基金进入快速发展阶段。

截至2018年10月底,中国证券投资基金业协会(以下简称基金业协会)已登记私募基金管理人24267家,已备案私募基金74979只,管理基金规模12.77万亿元,其中私募股权、创投基金管理人14570家,管理基金34531只,管理基金规模8.81万亿元。股权投资基金在源源不断为企业注入资本的同时,投资与服务并举,集中市场的资源与力量提升企业治理水平、规范基础与管理能力,推动资本、技术、人才实现有效融合。与此同时,股权投资价值发现与价值培育的市场功能,不断地助推经济结构改革与产业格局重建。

作为促进资本形成的有力工具,股权投资基金是多层次资本市场的重要参与方,也是支持实体经济转型升级的重要力量。

一、私募基金对实体经济转型发展的积极作用

(一)助力微观企业成长

1. 缓解中小企业融资难问题

目前,我国中小企业数量超过1000万户,占企业总数的99%,中小企业贡献了全国60%的GDP,50%的税收和80%的城镇就业,是实体经济发展最基础的组成部分。然而,中小企业资产规模较小、抗风险能力较差,加之金融体系资金供给方与需求方的信息不对称性,加剧了金融交易时的逆向选择和合约执行中的道德风险,导致以信贷资金分配为主要表现形式的间接融资体制难以满足中小企业发展所需的资金和资源。而以创业投资为代表的股权投资基金基于融资成本较低、周期较长、投融资双方深入互动的优势,为没有能力参与间接融资市场和银行活动的大量中小企业提供了有效的资本融通渠道。

基金业协会数据显示,截至2018年第二季度末,私募股权与创业投资基金在投项目中,投向中小企业的项目有4.51万个,在投本金1.43万亿元,分别占在投项目总数和在投本金的66.94%和28.55%;投向种子期与起步期项目3.38万个,在投本金1.66万亿元,分别占在投项目总数和在投本金的50.20%和33.13%。可以说作为企业股本市场化补充机制的股权投资基金,在解决经济发展中遇到的融资结构失衡等瓶颈问题,引导民间资本规范流入实体企业等方面发挥了举足轻重的积极作用。

清科研究中心数据显示,仅2017年,股权投资基金和创业投资基金新募集资金高达1.6万亿元,新投资项目约9000个,为企业新提供直接融资近1.1万亿元。即便是在当前金融去杠杆带来社会流动性全面紧缩的背景下,股权投资基金仍然积极发挥资本有效性,潜心发掘优质企业,为中小企业提供助力成长的资金支持。2018年上半年,股权投资基金早期投资案例数虽有

所下降，但投资金额仍呈现增长趋势（见图12–1）。

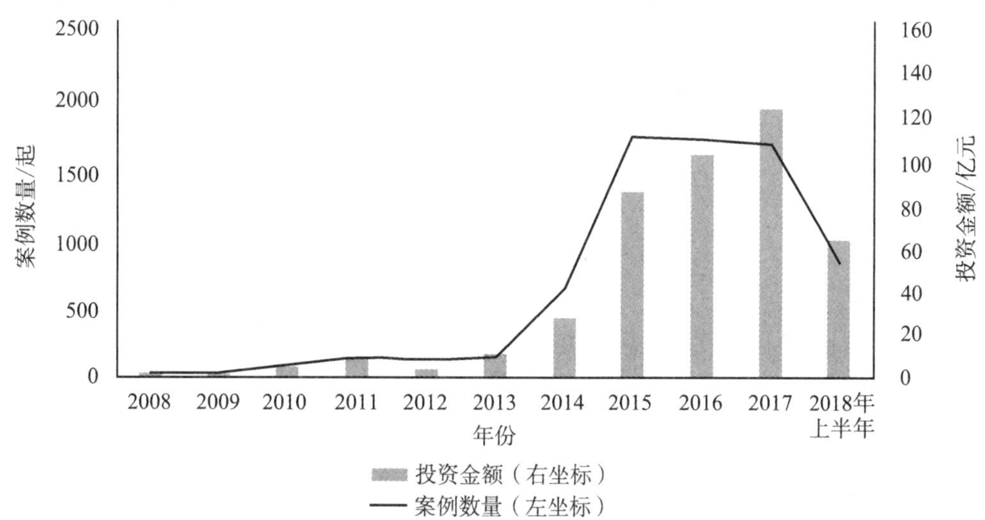

图12–1　2008—2018年全行业早期投资案例及金额情况图

2. 助力企业成长和发展

随着市场与政策环境的变化，企业从前仅依靠资金资源、政策资源、人脉资源即可发展的时代已经结束，能力与团队建设成为新的必要条件。然而实践中，一些企业特别是高新技术企业，由于创业者多为技术人员，尽管在研发方面较为擅长，但在企业的日常经营管理、内控与内部治理、科研成果的转化及市场拓展与推广方面普遍缺少一定的能力与经验。

与银行贷款以取得固定利息为目的不同，股权投资基金的投资风险、收益水平与被投企业的发展情况紧密相连，而且与银行对放贷企业的泛泛评估不同，股权投资基金往往从某一行业领域根植起家，在熟悉的行业积累了较多的管理和经营经验。因此，在为企业注入资金，优化企业资产负债结构的同时，可以运用其专业的管理经验和丰富的市场资源，帮助企业制定发展战略、合理规划公司财务、有效进行市场营销，使得企业特别是浙江的民营企业，能够成功摆脱创业经验不足、经营理念不成熟、成长路径不清晰、产业资源缺乏等掣肘，实现企业价值成长与机构投资成功的双赢。

无论是境内还是境外，股权投资基金支持企业成长壮大的案例比比皆是，众多优秀企业的背后都有股权投资基金的身影。从2017年1月到2018年10月，浙江省共有102家公司在境内首发上市，其中获得私募股权投资的公司有66家,PE/VC渗透率高达64.71%。可以说,没有股权投资基金的积极投资和项目培育,这些企业不可能在短时间内符合规范性、成长性的要求,从而顺利地进入资本市场。

3. 成为企业生命周期的同行者

在技术变革日新月异的当今社会,企业发展的高度和生命的长度很大程度受制于对市场把握的深度与认知的广度,实践中大多数企业往往在自己熟悉的领域深耕细作,不乏“埋头拉车”的专注,却缺少“抬头看路”的格局。针对团队优秀且发展潜力大的优秀企业,越来越多的私募基金选择了多轮投资、持续支持,将“PE的眼光”与“投行的方法”“副董事长的角色”有机集合,有效激发和保护企业家精神,持续的“资本+智本”输入,帮助企业审慎评估转型发展的路径选择,实现全产业链模式的价值赋能。

在许多卓越企业身上都能看到优秀机构股东长期相伴的案例。在这些机构股东的帮助下,企业或是更为规范化地运作,或是有了更多的合作伙伴,或是有了更清晰的战略规划,或是更早地实现证券化。到了企业逐步步入成熟、面临转型的关键期,并购基金帮助企业通过横向并购获取规模经济、纵向并购获取产业链经济、混合并购实现多元化战略和业务转型。据统计,最近三年并购基金参与的并购重组交易额达5.8万亿元。在企业成长和产业发展周期的不同时点,天使投资、创业投资、股权投资、并购基金等的参与成为企业长期资本形成的最有效方式,同时也构建了私募股权投资的完整链条。从2017年中国股权投资市场的退出方式分布可以看出,并购退出成为继IPO、新三板和股权转让之外,最灵活高效的退出方式(见图12–2)。

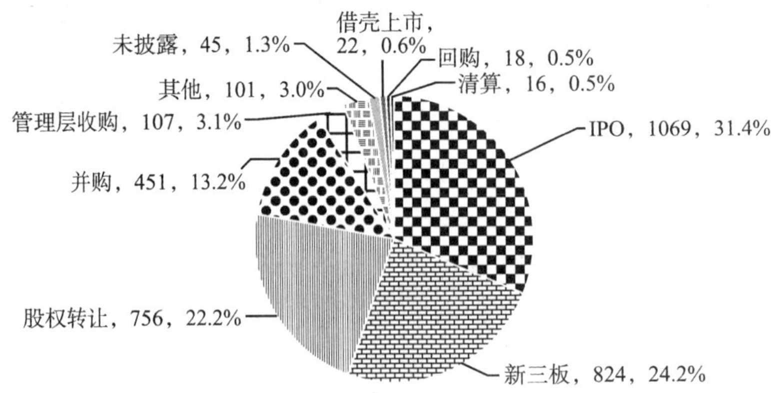

图12–2 2017中国股权投资市场退出方式分布(按起数)

数据来源:www.pedata.cn。

(二)推进经济结构转型升级

1. 培育新的经济增长点

当前,全球经济已进入以信息化、智能化为主导的新经济发展周期,新经济蕴含着大量创新需求,创新活动意味着持续不断的研发投入,特别是在创新活动的早期,投入产出不对称、项目连年亏损是常态。与银行贷款等间接融资对项目的评判标准迥异,股权投资基金作为权益性长期资本投资,是基于对行业、技术、团队的综合分析,判断企业未来发展的价值,可以为企业提供大量研发资金,保证企业在技术竞争的过程中能够持续投入。同时,由于创新活动的结果具有高度不确定性,只有具有高度容错性的私募基金行业,才能集聚足够多的风险资本金,从高度不确定中筛选出成功概率较高的企业,形成新的经济业态和创新路径。

从境外成熟市场经验看,股权投资基金有效推动了科技创新,美国微软、谷歌、苹果、Facebook等高新技术企业,都是在股权投资基金的支持下迅速发展成长,成为国际知名企业。以色列这个人口只占有全球人口0.2%的国家,却包揽了20%的诺贝尔奖项,已经被公认为世界科技创新的聚焦点,这一切都离不开创投产业的助力。

基金业协会数据显示,截至2018年第二季度末,互联网等计算机运用,机械制造等工业资本品,医疗器械与服务、医药生物、原材料等新经济代表领域成为股权投资与创业投资基金布局重点,在投项目3.98万个,在投本金1.89万亿元,资本与产业的有机结合有力推动了新经济增长。近年来,浙江省委、省政府出台了一系列支持创业投资持续健康发展,推动大众创业万众创新,加快推进经济转型升级、提质增效的政策措施,着力打造特色金融小镇与创新企业孵化器为代表的众创空间、资本高地,在汇聚支撑新经济发展的供给侧要素,提升区域创新创业活力等方面取得了一定的积极成效。根据清科研究中心数据,2017年,互联网、电信及增值业务、IT投资案例总数与投资金额合计分别占据浙江省早期投资的54.8%和61.4%,浙江时空电动汽车有限公司、杭州嘉楠耘智信息科技有限公司、杭州虚拟现实科技有限公司等全球领先的新兴产业领跑者与细分行业的龙头受到了私募股权投资等机构投资者青睐,其中不乏本土优秀投资机构。

2. 促进动能转换与产业升级

通过社会化的资金募集及市场化的投资管理,股权投资基金作为积极的投资人,科学地评估企业成长潜力与发展效率,以资金作为选票,发挥资本这一要素的流动性、灵活性和敏感性,迅速捕捉因信息不对称、产品差异、市场不完善等带来的市场机会,将稀缺的金融资源投给社会最需要发展的产业以及这个产业中最有效率的那部分企业,最大限度地提高金融资源的配置效率。为此全国人大财政经济委员会副主任委员吴晓灵曾总结:中国不缺技术、企业家、投资者等要素,缺的是能够将各类要素进行有效组合配置的金融工具,而股权投资基金正是其中一种能够实现该作用的金融工具。她曾形象地比喻,如果中国市场是99摄氏度的水,那么私募股权基金就是让水沸腾的1摄氏度。

实践中,股权投资基金高风险高回报的投资偏好,使得投资者对产业发展前沿尤为关注,而由于机构投资者敏锐的市场与技术预判及相应的资源配置能力,越来越多的股权投资基金在投资的同时承担了部分主动创造或改造相关产业的职责,通过对微观企业的直接投资,间接影响产业链布局及其生态,改变产业结构,进而影响经济结构。

根据清科研究中心的数据,2017年,私募基金的行业投资分布中互联网投资案例数仍排名第一,紧随其后的是IT行业。从投资案例数来看,2017年中国股权投资市场近50%的投资案例集中在互联网、IT、生物技术/医疗健康行业(见图12-3)。

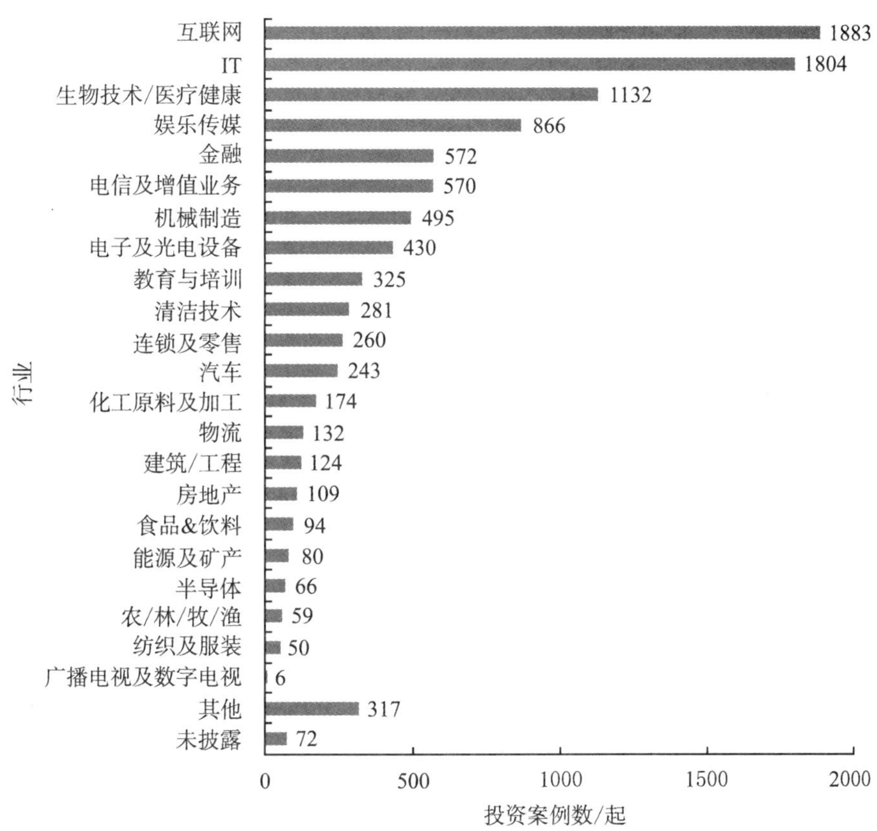

图12–3 2017年中国股权投资市场一级行业投资分布情况

数据来源：www.pedata.cn。

近年来，浙江省委、省政府提出“换挡期”经济增速目标回落，战略重心瞄准“八大万亿”产业的战略布局，重点发展信息、环保、健康、旅游、时尚、金融、高端装备制造业和文化产业，加快形成以八大万亿产业为支柱的产业体系。包括股权投资基金在内的各种金融业态紧扣主题、主动作为，通过资本的正向选择机制，发挥经济转型助推器作用。根据清科研究中心的数据，2017年浙江省股权投资基金的投资企业主要分布在23个一级行业中，其中涉及八大万亿产业的投资案例数超过600件，金额占总投资金额的63.12%（见表12–1）。

表12-1 2017年浙江省私募股权投资行业分布情况

行业	投资案例数/起	比例/%	投资金额/亿元	比例/%
互联网	191	22.00	126.20	19.34
IT	137	15.78	46.41	7.11
生物技术/医疗健康	102	11.75	93.01	14.25
金融	74	8.53	55.86	8.56
娱乐传媒	70	8.06	27.31	4.18
机械制造	47	5.41	39.60	6.07
电信及增值业务	42	4.84	11.81	1.81
电子及光电设备	34	3.92	9.51	1.46
汽车	28	3.23	75.83	11.62
化工原料及加工	21	2.42	24.59	3.77
其他	18	2.07	4.26	0.65
连锁及零售	16	1.84	8.52	1.31
清洁技术	15	1.73	14.02	2.15
食品&饮料	13	1.50	4.52	0.69
建筑/工程	12	1.38	5.61	0.86
教育与培训	11	1.27	2.19	0.34
未披露	8	0.92	0.58	0.09
物流	8	0.92	46.17	7.07
半导体	6	0.69	5.55	0.85
纺织及服装	6	0.69	12.96	1.99
农林牧渔	4	0.46	1.30	0.20
房地产	4	0.46	26.68	4.09
广播电视及数字电视	1	0.12	10.10	1.55
合计	868	100.00	652.59	100.00

二、浙江省股权投资基金发展存在的问题分析

（一）LP（有限合伙人）结构单一导致募资难问题尤为突出

以民营经济见长的浙江，是中国经济最活跃的省份之一，随着经济和收入的增长，浙江人的财富集聚效应显著。2017年高净值人群超过41万人，每380人就有一个千万富翁。与民间财富区域分布特点相契合，浙江的大中型企业及因产业发展积累资产的高净值个人（以下简称产业资本）构成了浙江股权投资基金最主要投资群体。根据清科研究中心数据，2017年共有955只注册在浙江省的股权投资基金完成募集，超过广东、上海等地，位居全国第一，披露募集金额2905.38亿元，占全行业披露募集总金额的16.24%。

然而，进入2018年以来，受去杠杆、经济下行、贸易战等因素的共同影响，包括上市公司、大型企业集团在内的LP投资者出现不同程度的流动性危机，直接波及投资于股权投资基金的产业资本规模。一些LP甚至出现不顾底层资产的投资价值、变现成本，急于要求退出的现象，打乱了股权投资基金的投资策略和投资节奏，也对基金募资情况产生极大的负面影响。

2018年上半年，中国股权投资市场募资总额约3800亿元，同比下降55.8%。与北京、上海、深圳等地引导基金、大型国企资金及银行理财资金、保险资金占据一定LP份额不同，以产业资本为主的投资者结构使得浙江股权投资基金在应对市场整体流动性紧缺时的反应更为强烈。根据基金业协会的登记备案数据，2018年以来浙江辖区新备案股权投资基金数量和规模震荡下降，7月份之后下行趋势愈加明显（见图12–4）。

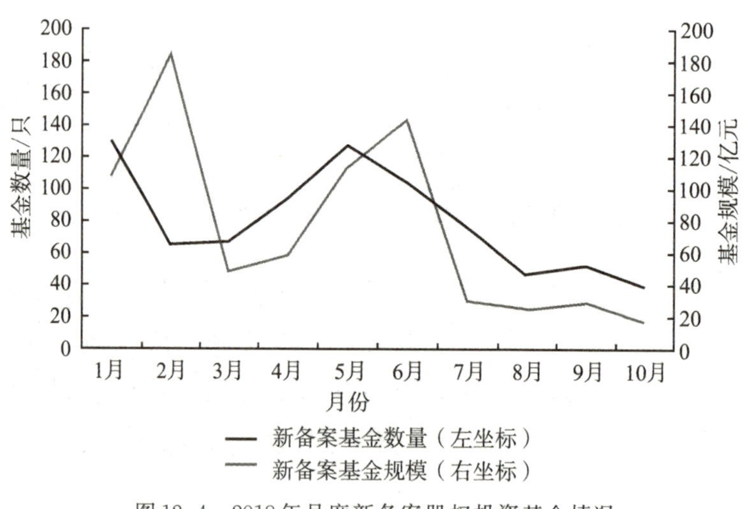

图12-4 2018年月度新备案股权投资基金情况

(二)本土机构的发展程度远低于市场的活跃程度

浙江是民营经济大省,民营企业极具活力和创造力,截至2017年底,全省共有各类市场主体593.4万家,同比增长12.2%,环比增长0.9%。以阿里巴巴为代表的互联网企业的成功,更是推高了浙江人“大众创业、万众创新”的热潮,为各类股权投资发挥合理定价、活跃投融资市场、推进要素交互与资源对接提供了更为广阔的平台。根据清科研究中心的统计数据,除了北、上、广、深等一线城市和地区,发生在浙江省内的股权投资案例数和投资金额数均位居前列,远超经济总量相当的江苏、山东等省份。

然而,本土私募股权投资基金在其中所起的作用却十分有限,省内知名的投资并购案例,常常被国际投资机构、业内知名机构或国资背景机构垄断。究其原因,本土私募机构规模和影响力有限,小而散的特点十分突出。从基金业协会的登记备案情况来看,截至2018年10月底,全国管理基金规模在100亿元以上的私募机构有232家,管理基金规模在50亿~100亿元的有278家,而辖区管理基金规模在50亿元以上的机构仅26家,其中私募股权机构仅14家。辖区1213家私募股权机构,从规模分布上看,较多为管理基金规模在5亿元以下的小机构(见图12-5)。

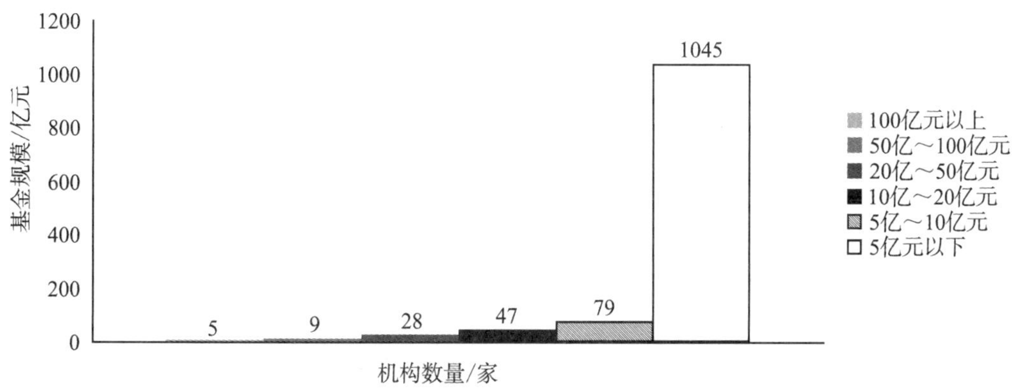

图12–5　辖区股权投资基金管理机构规模分布情况

伴随经济金融形势的持续低迷，私募行业将面临一次程度最深、持续时间最久的行业洗牌，届时行业机构分化将更加明显，头部机构规模不断扩大，品牌影响力持续提升，而中小基金会因为募资难、退出难、人才分流等原因，举步艰难甚至可能被淘汰。

（三）省内机构鱼龙混杂，部分违规及风险事件对行业造成了极大的不良影响

私募基金不设行政许可，没有准入门槛，由基金业协会根据法规授权组织行业机构登记备案。由于登记备案成本不高但增信效果显著，部分机构抱着试试看的心态申请，实质并不具备开展股权投资业务的人员配备、管理能力与内控基础。辖区1213家已登记私募股权机构中，有421家机构管理规模在1000万元以下，基本不具备开展私募股权投资的基础性条件。此外，部分机构规范运作意识较差、内控及治理水平较低，还存在兼营担保、借贷等其他业务情形，随着政策与市场环境的变化，爆发出一系列违规及风险事件。

1. 流动性风险

截至2018年10月底，辖区47只私募基金出现逾期兑付，规模合计超过30亿元，涉及投资者千余名，表面上看原因在于网贷平台风险频发导致投资者持币观望情绪蔓延，实质上的因素是一些机构自身运作不规范、滚动发行、短募长投、资金池运作，甚至与P2P平台资金线上线下混同使用、自融

自担。

2. 合规性风险

一是宣传推介方面，一些机构在各地设立多个销售分公司，招募大量销售人员，无视合格投资者条件和投资者适当性管理要求，通过电话、短信等方式公开夸大宣传。二是投资运作方面，未按合同约定投资、基金资金被随意使用，甚至募集新资金直接归还前期投资者本息等情况频现。三是信息披露方面，无限扩大解释私募的内涵和外延，不按规定充分披露相关信息，基金内部治理失效，投资者知情权、表决权缺乏保障。

3. 业务性风险

集团化机构之间未建立有效的业务隔离、风险隔离及利益冲突防范机制。机构间产品嵌套投资，员工兼职，资金混同。部分股权投资机构通过约定“业绩比较基准收益”“目标收益”等形式，开展名股实债、名基实贷业务，或者通过其他“抽屉协议”为投资者提供保本保收益安排，引导市场形成股权投资基金固定收益的误解。

正是有这些问题风险机构混杂在辖区股权投资行业中，扰乱了行业秩序，败坏了行业形象，市场上出现“谈基色变”的风气，一些真正遵循规范化运作原则，在股权投资的商业逻辑内想要做出事业的机构受到牵累和影响，无论在找寻长期资金、争夺项目资源还是接洽合作伙伴时，常常遭遇质疑和非议，导致股权投资基金服务实体经济发展的“一本好经”被“歪嘴和尚”念坏了。

三、支持浙江省股权投资规范发展的意见建议

（一）加大力度引导政府产业基金等国有资本投入，改善基金募资结构

近年来，浙江省先后出台了《关于规范政府产业基金运作与管理的指导意见》《浙江省政府产业基金投资退出管理暂行办法》等一系列制度法规，通过与社会资本、金融资本以及上下级政府之间合作，共同发起设立多种形式的产业引导基金。截至2017年底，浙江省政府产业基金总规模达到1331亿

元，已到位资金759亿元，在发挥产业基金的放大效应和导向作用方面取得了一定成效。但与产业投资活跃区域，如深圳、苏州等地相比，浙江的产业引导基金无论是在资金使用效率上还是激励约束机制上，都存在一定差距。因此，建议进一步扩大各级政府产业基金的规模，推动省内大中型国有企业加大股权投资布局，规范投资运作及考核评价机制，在市场化基础完善的行业或区域推出针对性的"主题基金"，改善部分国有资金通过投资理财、明股实债博取固定收益的现状，推动国有资金真正投向初创期、成长期中小企业股权，实现产业引领的中长期目标。同时，建议省内财政资金、国有企业资金向运作规范的本土私募股权投资机构适当倾斜，拓宽本土机构长期资金来源，补齐本土机构LP结构不合理、资金来源单一引发的价值投资不充分、短期行为盛行等发展短板。

（二）优化政策环境，吸引更多私募股权投资落地浙江

1. 保持政策稳定性

境外成熟市场长期以来将股权投资行为统称为风险投资（venture capital），指代由职业金融家投入新兴的、发展迅速的、具有巨大竞争潜力的企业中的一种权益资本，顾名思义风险投资必定伴随着高风险高收益的运营特征。建议地方政府对私募行业风险进行辩证判断，对其本身自带的投资风险属性与经营管理不规范甚至背信弃义、罔顾投资者权益引发的道德风险属性有所区分，提高对机构正常投资风险的容忍度。同时，保持政策的一贯性与稳定性，切忌一出现风险事件就在机构落户、基金注册时予以"一刀切"的对待，减少不必要的行政干预，充分发挥市场的诚信约束与优胜劣汰功能。

2. 制定公平合理的税收政策

2017年，财政部出台《关于创业投资企业和天使投资个人有关税收试点政策的通知》，明确对股权投资基金符合一定条件应纳税所得额的抵扣政策。2018年起，试点扩大至全国，各地市也相继出台了一系列税收返还和减免政策。但长期以来，私募股权投资因投资者门槛较高，被誉为有钱人的游戏，在享受税收优惠政策时往往被另眼相看，加之基层税务人员的理解偏差，导致相关政策在落地时困难重重。据调研走访，省内完全享受税收优惠

政策的股权投资机构很少。据行业机构测算,根据现有政策,每万元的投资收益将承担4600元的税费负担,远远超过美国等成熟国家和地区。且如果按照全行业统计测算,尽管经过数十年的发展,全行业仍远未收回投资成本。为此建议地方政府坚守税收中性原则,科学衡量私募股权投资的成本收益与其在经济社会发展中的积极作用,建立一定的风险补偿机制,在完善税收优惠政策体系的同时,尽量避免或降低各地市执行层面的偏差。

3. 加大人才引进力度

近年来,各地市充分利用现有的金融业态、城市配套、山水资源和人文环境,建成了一批金融特色小镇,初步形成了推动金融要素聚合的空间支撑体系。但本土私募机构的发展程度与北、上、深等一线城市相比仍存在一定差距。究其原因,最根本的制约因素还是人。从成熟市场来看,国外PE行业能做到董事总经理级别的一般至少已有7年相关投资从业经验,能够做到合伙人级别的至少有15年从业经验。省内股权行业从业人员超过1万人,但大多数从业人员缺乏投资管理经验,专业化的人才仍然十分短缺,人才成为制约浙江省私募股权投资发展的瓶颈。纵观浙江省股权投资行业的扶持政策,仅宁波提出对行业专业人员的家属随迁、出入境等由市、区相关部门提供便利的原则性政策,尚未出台体系性、针对性的私募股权投资人才政策措施。建议借鉴北京、深圳等地的成熟经验,研究制定完备的行业人才引进、人才奖励、配偶就业、子女教育、医疗保障等方面配套政策。

(三)强化合作监管,提升行业规范运作水平

与传统金融机构牌照监管、主体监管模式不同,私募基金自2013年被纳入证监会监管体系以来,坚持登记备案为主线、事中事后监管的模式,证监会对私募基金的监管归根结底属于一种业务监管、行为监管。对于私募行业整体的运作状况把控,除了基金业协会的登记备案审查与地方证监局的监管检查,最全面的信息来源在于工商、税务、社保等综合数据,最真实的事中监测有赖贴近机构的属地政府及深入社区的网格管理,最有效的风险处置离不开公安、司法部门的积极参与。为此,建议根据国家赋予地方的金融监管职责,建立符合浙江省实际的地方股权投资基金监管体制,发挥业务监

管与综合监管的“央地协作”机制作用，形成穿透式、全覆盖的监管合力，对省内私募基金行业进行一次全面梳理，整治业内明股实债、资金池运作的乱象，有效清理借私募股权投资之名行非法集资之实的害群之马，为真正想做事的机构营造公平规范的发展环境。

（本报告由中国证监会浙江监管局提供）

第十三章　浙江省不良贷款率合理区间研究*

党的十九大报告将防范化解重大风险作为必须打赢的三大攻坚战之首。2017年底的中央经济工作会议指出，打好防范化解重大风险攻坚战，重点是防控金融风险。各级政府高度重视金融风险防范化解工作，采取了一系列政策措施，把加大去除不良贷款力度、有效降低不良贷款率作为防范化解金融风险的重要手段。而防范化解金融风险的根本目的是保障经济社会的平稳、健康发展，这就要求各级政府在把不良贷款率作为衡量金融风险重要指标的同时，要科学、合理地确定与本地区经济发展状况、经济结构和资金需求相匹配的不良贷款率水平。由此，结合浙江区域经济金融结构特点，科学、准确地测度不良贷款率的合理区间，把握好不良贷款压降节奏力度与经济承受程度的匹配，在有效防控金融风险的同时促进经济健康发展，不仅对浙江具有重要的现实意义，对全国也有较好的示范意义。

一、不良贷款率不是衡量风险程度的唯一指标

不良贷款率并非判定银行信贷资产质量及系统性风险的唯一指标，也不存在一个固定的合理区间。从会计准则看，不良贷款率与银行当期的核销处置额及贷款总额有关，当期核销处置不良贷款的规模又与银行的盈利能力及拨备计提水平紧密相关。因此，尽管不良贷款率是评价银行信贷资

*本报告由《浙江不良贷款率合理区间研究》（浙江大学金融研究院2018年度重点课题ZD18001）课题成果提炼而成。该课题由浙江省地方金融监管局委托，具体研究任务由中国人民银行总行研究局承担。

产质量的重要指标，但仅以这一指标来判定银行的信贷资产质量和整体健康安全状况有失偏颇。除不良贷款率外，银行的流动性充足水平、资本充足水平、贷款损失准备充足水平、盈利能力及资产负债结构等因素都可能会引发清偿性或流动性危机。而且银行不良贷款率是否过高，关键是要看银行能否在保证可持续经营的情况下，通过拨备、利润和资本三道防线吸收消化不良贷款。

从国内外监管实践看，既不存在一个统一的标准或界限来判断银行不良贷款率水平的高或低，也不存在一个所谓的不良贷款水平的警戒线或危机临界线。从巴塞尔委员会到各国监管部门，对银行的资本充足率都提出了具体的要求标准，但均未设定判断银行业不良贷款率高低的标准，而且各个国家和地区在不同时期的银行不良贷款率水平也各不相同。

从系统性金融风险看，是否会引发系统性金融危机，除银行业整体不良贷款率水平外，还取决于整体经济运行情况、实体经济健康状况、企业债务杠杆水平及财务状况，以及银行业的整体流动性状况、资本充足水平和损失拨备水平等。

二、区域不良贷款率水平分析

区域不良贷款率水平能够在一定程度上反映出一个地区金融体系的整体风险状况。不良贷款率过高，意味着信用环境的恶化以及金融风险的积聚，容易引发区域性、系统性风险。然而，结合理论分析及实践经验来看，不良贷款率也并非越低越好。2012—2016年，北京、上海等金融更发达、经济发展更快、自由程度更高的地区不良贷款率相对更低；但同时西藏、海南等部分经济欠发达地区不良贷款率也低于平均水平。

首先，区域不良贷款率是地区经济发展状况的一个镜像反应，它在很大程度上是由区域经济发展阶段、产业结构特征、金融体制机制完善程度等决定的。有研究表明，宏观经济增速每下降1个百分点，银行不良贷款率随后可能上升0.3～0.6个百分点，对于以间接融资为主要融资方式的国家，不良贷款率上升幅度可能更大。当前浙江省经济正处于新旧动能转换、经济增速放缓的过渡期,不良贷款率的适当波动,属于合理的内生性反应,符合经济金融的运行规律。

其次,金融本身属于经营风险的行业,而一个健全和健康的金融体系能够在一定程度上容忍和吸收相应的风险。从国际经验看,不良贷款率在5%以下都属于正常水平,欧美发达国家的不良贷款率通常在3%左右。如果片面追求不良贷款额和不良贷款率的持续下降,势必会造成银行信用风险偏好过低,惜贷心理过重,进而导致区域信用环境偏紧,中小企业融资难、融资贵问题进一步凸显,最终不利于实体经济发展。

最后,不良贷款率低也并不等同于整体风险程度就低。不良贷款率对于风险警示具有一定的滞后性,在信用风险开始累积的时候,不良贷款率指标往往仍然维持在低位,难以及时识别和捕捉潜在风险。2008年国际金融危机前欧美等国银行业较低的不良贷款率水平与危机后不良贷款率飙升的巨大反差,鲜明地反映出该指标具有一定的滞后性和跳跃性特征。

三、影响区域不良贷款率的主要因素

一是经济周期变化。当经济上行时,企业经营状况可能随着外部经济环境的回暖而得到改善,不良贷款有可能重新成为正常贷款并正常收回,此时银行风险偏好逐步提高,并扩大信贷规模;当经济下行、企业经营困难时,原先的正常类和关注类贷款也可能"劣变"为不良贷款。此时银行风险偏好降低并开始惜贷,小微企业融资难、融资贵问题就会更加凸显。

二是经济行业结构状况。不同行业由于企业生产规模、借贷特征、产业政策的不同,融资成本并不相同,对银行不良贷款率的贡献程度也有很大差异。尤其是像制造业、批发和零售业等行业与经济周期的关系相对较为密切,更容易受到经济周期下行带来的冲击和影响,相应行业的信用风险也更高,如浙江省的不良贷款主要集中在以上两个行业。

三是要素市场化程度等体制机制因素。市场化程度越高,政府干预程度越小,资源配置效率越高,就越有助于银行以市场化为导向,提高信贷资产的整体质量,进而对减少不良贷款产生积极影响。

四是区域经济社会特征等因素。我国银行不良贷款率高低的分布呈现明显的地域特征，经济环境或者地域因素成为解释中国不良贷款成因的第一变量。

外向型经济、中小经济、企业高杠杆以及企业贷款担保链等特点是影响和决定浙江省不良贷款率的四个重要区域特定因素。外向型经济特点突出，意味着外部经济周期低迷对浙江的影响和风险传递性要高于全国其他省份，对与外贸息息相关的制造业、批发和零售业等行业冲击最大。中小经济为主的特点决定了浙江实体经济整体抗风险能力相对较弱，更易受到经济下行、企业经营成本上升等因素的困扰。企业杠杆率过高和企业担保链问题则反映出浙江省在经济下行时更容易诱发区域性的连锁反应，造成区域性、系统性金融风险的积聚和爆发，导致信贷风险在银行与企业间多轮传染和扩散，进一步强化银行体系整体风险，如2011年温州金融风波。

四、浙江省不良贷款率合理区间评估

一定时期内，区域不良贷款率应有一个内在的、与其经济金融发展阶段及特征相匹配的“自然水平”，围绕该“自然水平”在一定范围内上下波动应该被视作区域不良贷款率合理区间。量化评估不良贷款率合理区间，有助于决策部门进一步完善风险研判和防控机制，更加客观、理性地看待不良贷款率问题。

截至2018年底，浙江省的银行业不良贷款率已处于较低水平。浙江作为民营经济、外向型经济大省与市场经济先行地区，不仅经济发展变化轨迹是全国经济的晴雨表，而且不良贷款率的波动也具有一定的先行性和特殊性。此轮不良贷款率波动周期，浙江先于全国进入上行期，不良贷款额和不良贷款率曾连续四年“双升”，余额一度位居全国第一（2015年），不良率高达2.37%；也先于全国企稳并迎来拐点，截至2018年末，浙江不良贷款率已降至1.15%，是2012年以来的最低水平，同全国其他省份相比也处于较低水平。

2019年浙江不良贷款率水平可能受各种冲击影响有所抬升。当前我国经济运行稳中有变、变中有忧，外部环境复杂严峻，经济下行压力进一步加大。运用宏观压力测试方法,综合考虑一般影响因素和区域特定因素,结合内外部宏观环境的变化趋势,重点考察四类冲击(包括经济增速、房地产价格、货币政策、出口增速)下浙江不良贷款率的合理区间,结果发现:

(1)在四类经济变量单个冲击下,2019年末浙江不良贷款率的"自然水平"及合理区间均有所上行,且上行幅度随着冲击强度的提升而有所增大;其中,区域经济增速和货币政策环境这两类宏观冲击对于浙江不良贷款率合理区间的影响相对较大。

(2)以2018年第二季度浙江名义GDP增速9.8%为基准,若2019年末名义GDP增速下降至8.2%(即温和情形下),则不良贷款率的合理区间为[0.93%,1.88%];若名义GDP增速下降至6.6%(即严重情形下),则不良贷款率的合理区间为[1.11%,1.87%];若名义GDP增速下降至5.0%(即极端情形下),则不良贷款率的合理区间将上移至[1.09%,2.34%](见表13–1)。

表13–1 经济增速冲击下2019年末浙江不良贷款率合理区间估计

冲击变量	冲击强度	冲击值/%	2019年末	
			不良率自然水平/%	合理区间/%
无冲击	—	—	1.17	[0.69,1.66]
名义GDP增速	温和	8.2	1.40	[0.93,1.88]
	严重	6.6	1.49	[1.11,1.87]
	极端	5.0	1.71	[1.09,2.34]

当然,随着浙江经济金融发展阶段的演变,不良贷款率波动的决定性因素也会发生相应变化,这就要求不良贷款率合理区间评估是一个动态优化的过程,需要根据区域经济金融阶段性特征的演变对评估体系进行相应改进,以确保不良贷款率合理区间评估的客观性和有效性。

五、政策建议

一是确立整体不良贷款率目标应树立"区间"思维,提升对不良贷款率的容忍度。金融管理部门及地方政府在确立不良贷款率目标时,应突出"区间"思维，在合理波动范围内，提升对不良贷款率的容忍度，适当降低对商业银行相关指标的考核压力，引导金融机构在风险和盈利之间取得动态平衡。尤其是对于以民营企业、中小企业为主的浙江，在经济下行期，银行贷款的违约概率会相对提高，如果片面追求不良贷款和不良贷款率的持续下降，可能造成银行惜贷甚至抽贷，抑制信贷资金流向实体经济，加大中小企业融资难度，阻碍经济转型升级和健康持续发展。

二是要充分考量不良贷款率的具体构成。如科技型中小企业是技术创新的主要载体和经济增长的重要推动力量，在促进科技成果转化和产业化、以创新带动就业、建设创新型国家中发挥着重要作用。而浙江省中小企业数量多，科技创新型企业占比较高。为了加快促进经济转型升级和高质量发展，要进一步加大对科技型中小企业信贷支持，缓解企业融资困难，则客观上需要提高对该类产业不良贷款的风险容忍度，并在强化责任承担的同时，完善尽职免责机制。

三是应进一步强化区域信用环境建设。在确保区域金融风险水平处于合理区间、整体可控的前提下，政府应更多地关注区域信用环境等基础建设。要建立和完善多维度、全覆盖的风险监测体系，进一步完善社会信用体系，建立跨部门的信用信息共享机制，促使企业和个人信用信息真实化、信息披露规范化。同时，引导各类经济主体建立健全诚信内控制度，规避各种失信行为，加大对失信行为的惩戒力度，依法打击逃废债行为。

四是应进一步优化企业融资结构。要进一步建立健全多层次的融资体系，鼓励企业灵活运用债券、股权等直接融资工具，提高直接融资比重。针对浙江中小经济特点，要重点引导中小企业群体加强自身内部机制建设，推进企业股份制改造，为外源融资创造条件。完善针对中小企业的融资体系和针对暂时困难企业的流动性支持机制；创新中小企业融资增信方式，优化融资担保结构，规范担保行为，提升抗风险能力，防止风险的扩散。

（本报告由浙江大学金融研究院提供）

第十四章　关于加快浙江省非金融企业绿色债券发展的思考和建议*

绿色债券是我国绿色金融市场的重要实践，近年来得到了各级政府的重视而实现了跨越式发展。现有绿色债券发行中，金融债比重占据绝对优势，非金融企业绿色债券（包括绿色公司债和绿色企业债，不含绿色中期票据与绿色ABS/ABN产品）比例占全部债券发行规模比重较小，但近几年增长迅速。2018年以来，非金融企业和地方政府逐渐深入参与绿色债券市场，绿色企业债、绿色公司债配套文件陆续发布，2018年以来，全国非金融企业绿色债券发行量大幅上升，目前占全部绿色债券比重已超过30%。

浙江省是非金融企业绿色债券先发地区，2016年就由浙商证券成功发行全国首单交易所债券市场绿色公司债——G16嘉化1。同时浙江省民营企业众多，如能将优质企业资源与绿色金融相结合，推动非金融企业绿色债券发展，将对全省绿色金融发展起到重要推动作用。但遗憾的是，近年来绿色公司债与企业债的整体发展态势略显滞后，与浙江省绿色金融创新示范区建设的要求不相匹配。与此同时，2018年各地针对绿色债券的政策频出，2018年全国各级政府共颁布涉及绿色债券的政策文件超过120项，已有18个省市县区（其中2018年新增9个）颁布了针对绿色债券的财务激励政策，最高补贴达500万元（详见表14-4）。如再不有针对性地进行引导，加大政策激励力度，浙江就很可能会丧失在非金融企业绿色债券方面的发展先机。

本书试图从浙江省非金融企业绿色债的发展现状入手，分析制约我省非金融企业债券发展的因素，并在此基础上提出几点政策建议。

---

*本章内容是浙江省新型重点培育智库——浙江大学金融研究院的AFR咨询要报成果。执笔人为浙江大学金融研究院副院长章华、浙商证券高级业务副总监陈海峰。

一、浙江省绿色公司债发展现状

就全国看，绿色债券发展存在内部结构失衡以及发行主体方面民营企业参与不足两方面的问题。一方面，当前我国绿色公司债市场和绿色企业债市场的发行规模有限，2018年度发行金额分别为213.7亿元、376.49亿元，远远低于金融债市场的1289亿元，仍有较大发展潜力待挖掘。另一方面，我国非金融企业绿色债券市场存在较为明显的发行主体失衡现象。以绿色公司债为例，在发行主体性质上中央/地方国有企业占据绝对主导，民营企业发行规模仅占总额的11.4%，市场各类型主体积极性未被完全激发。

就浙江省情况而言，2018年浙江省共发行绿色金融债5单，发行规模为51亿元。非金融企业的绿色债券中，浙江省2018年共发行绿色公司债2单，发行规模为12.2亿元，绿色企业债4单，发行规模为21.8亿元。2018年度，浙江省非金融企业绿色债券发行规模占浙江省总体绿债的比重为40%（见表14–1）。

表14–1　2018年度浙江省绿色债券发行概况

债券名称	发行时间	发行规模/亿元	票面利率/%	债项/主体评级	主承销商
绿色金融债：					
18临海农商绿色金融债	2018–03–26	1	5.50	AA–/AA–	海通证券
18稠州商行绿色金融01	2018–06–05	15	5.00	AA+/AA+	国泰君安
18宁波银行绿色金融债	2018–10–24	30	3.97	AAA/AAA	中信证券
18安吉农商绿色金融债	2018–11–16	3	4.06	AA–/AA–	国泰君安
18德清农商绿色金融01	2018–12–11	2	4.00	AA/AA	南京银行
绿色公司债：					
G18华友1	2018–03–23	6.2	7.76	—/—	财通证券
G18湖州1	2018–04–02	5	6.28	AA+/—	浙商证券

续表

债券名称	发行时间	发行规模/亿元	票面利率/%	债项/主体评级	主承销商
绿色企业债:					
18嘉湘绿色债	2018-04-18	5.8	6.40	AA+/AA	中信建投
18安吉绿色债01	2018-04-27	5	7.20	AA/AA	中泰证券
18安吉绿色债02	2018-09-25	5	7.49	AA+/AA	中泰证券
18余旅游	2018-10-31	6	5.57	AAA/AA	中投证券

经统计,自2016年首单非金融企业绿色债券发行以来,截至2018年12月31日,不含绿色中期票据与绿色ABS/ABN产品,全国共发行绿色债券126只。剔除掉央企,全国债券发行数量排名前五的省市绿债发行情况如表14-2所示。

表14-2 全国绿色债券发行数量前五位的省市

序号	区域	发行债券数量/只	发行规模/亿元	发行人家数
1	江苏省	16	133.05	13
2	北京市	12	187.90	8
3	广东省	11	108.00	10
4	浙江省	7	36.00	6
5	重庆市	5	29.08	2

如表14-2所示,近三年来,浙江省企业共发行绿色债券7只,发行规模达36亿元,较江苏省、北京市、广东省等区域的绿债发行情况差距明显。

值得一提的是,2018年由浙商证券承销的"湖州市城市投资发展集团有限公司2018年非公开发行绿色公司债券(第一期)"在上交所成功发行,是交易所发行绿色城投债第一单,较好地解决了项目的绿色认证、现金流入、配套募集资金用途灵活等创新特点,被评为"2018年浙江金融服务十大案例"。在此基础上,应该研究相关经验和模式的提炼和推广,继续加大非金融企业绿色债券的支持力度,加快绿色债券市场发展。

二、制约浙江省非金融企业绿色债券发展的因素分析

总体来说，制约浙江省非金融企业绿色债券发展的因素主要有以下三个方面：

一是绿色债券市场接受度不高。一方面，绿色债券的资金用途有严格限制。根据各债券监管主体有关政策要求，绿色债券的募集资金需投放到特定的绿色项目，仅可配套募集不超过债券规模的一定比例的资金用于补充企业营运所需。符合要求的绿色项目，建设周期普遍较长，监管部门尚未对绿色债券临时闲置的募集资金使用做出明确规定，往往造成闲置资金的沉淀与浪费。而普通公司债券的募集使用可灵活用于偿还债券、补充营运资金或建设项目等。另一方面，绿色债券利率无明显优势。如表14–3所示，目前绿色债券在发行上的成本优势并不明显，高于市场同期利率的债券占比40%以上，未充分体现绿色债券的成本优势，因此市场吸引力稍显不足。

表14–3　2017年度我国绿色债券发行信用利差表现　　单位：只

类别	A–1	AA	AA+	AAA	合计
低于市场同期利率	1	6	6	21	34
高于市场同期利率	—	6	6	14	26
与市场同期利率一致	—	—	1	—	1
合计	1	12	13	35	61

数据来源：根据wind、绿色债券数据库资料整理。

二是绿债项目资源较为稀缺。根据证监会和国家发展改革委的相关政策要求，拟通过债券融资的绿色项目须符合《中国绿色债券支持项目目录（2015年版）》或《绿色债券发行指引》的相关标准。同时，绿色债券要求募投项目具备一定的市场化收益来源，项目自身产生的收益需覆盖债券的利息偿付及部分本金，实务中除部分产业类节能改造绿色项目外，多数绿色项目均具有前期投入大、项目周期长、资金回笼慢的特点，无法匹配绿色债券的发行要求。部分环境整治项目具有一定的公益性质，不符合绿色债券对募

投项目的要求。

三是对绿债项目的补贴力度稍显不足。当前湖州市（含德清、安吉）对绿债补贴力度为发行金额的1‰，封顶50万元。衢州市则是在现有对直接融资的激励标准上对绿债额外增加10万元。而在其他地区，有的是按照发行金额的1‰～3‰进行补贴（如南宁），另外封顶金额100万元（广州花都）、200万元（江苏）和500万元（四川）不等，但均高于浙江省50万元的力度。表14-4列出了2017年和2018年主要省市出台的支持绿色债券的相关政策。

表14-4　2017—2018年部分区域绿色债券相关支持政策

时间	行政区域	政策文件	政策要点
2017年7月	广州市花都区	《广州市花都区支持绿色金融创新发展实施细则》	花都区将建立绿色金融风险补贴机制，对绿色债券等绿色金融业务各类机构，按其损失金额的20%给予风险补偿，最高100万元。
2017年7月	广州市花都区	《广州市花都区支持绿色企业上市发展实施细则》	对上市挂牌企业和上市挂牌后备企业发行绿色债券的，按其发行债券金额的1%给予每年最高100万元的补贴。
2017年11月	湖州市	《湖州市人民政府办公室关于湖州市建设国家绿色金融改革创新试验区的若干意见》	对在银行间市场发行贴标绿色债券的本地民营企业或本地金融机构，按照实际募集金额的1‰给予补助，最高补助50万元。
2017年11月	衢州市	《衢州市人民政府关于推进创新驱动加快绿色发展的若干政策意见（试行）》	支持企业直接融资。对发行绿色债券的企业另行增加奖励10万元。
2018年8月	南宁市	《南宁市贯彻落实加大金融支持实体经济发展若干措施实施方案》	鼓励南宁市符合条件的企业申报发行绿色债券等专项债券，按照发债期限及成本不同，分别根据年度发行额给予1‰～3‰的债券融资额奖励，当年单户企业奖励最高不超过100万元。
2018年9月	江苏省	《关于深入推进绿色金融服务生态环境高质量发展的实施意见》	支持各地发行长江生态修复债券等绿色债券，对成功发行绿色债券的非金融企业年度实际支付利息的30%进行贴息，贴息持续时间为2年，单支债券每年最高贴息不超过200万元。
2018年9月	四川省	《四川省人民政府办公厅关于继续实施财政金融互动政策的通知》	对四川省地方法人银行业金融机构发行的绿色等专项金融债券，省级财政按年度发行额的1‰给予补贴，对单户金融机构的补贴最高不超过500万元。对绿色企业债贴息比例在企业债基础上提高2个百分点。

数据来源：商道融绿研究院。

三、推进浙江省非金融企业绿色债券市场发展的政策建议

针对浙江省绿色债券市场发展特点和问题，本书就如何进一步推动我省非金融企业绿色债券市场发展提出如下三点政策建议：

一是做好非金融企业绿色债券项目库建设。以有现金流入的优质绿色城投债为突破口，发掘更多优质项目资源，进一步扩大非金融企业绿色金融债券的市场规模，浓厚绿债发行的市场氛围。在此基础上，继续鼓励民营企业积极参与绿色债券发行，活跃绿色金融市场。建议衢州、湖州等绿色金改地区及其他县市高度重视非金融企业绿色债券工作，结合“腾笼换鸟”、污染治理、产业升级等项目建立项目库进行筛选和储备，对于具备未来现金流的优质项目在项目筹划阶段更早引导券商介入，比照绿色债券标准进行绿色项目认证的策划和项目准备。

二是尽快设立省级政府绿色基金。通过设立专门的政府绿色基金，加大对浙江省绿色债券的投资力度，扩大绿色债券在发展初期的市场需求。鼓励设立市场化的绿色投资基金，对注册在浙江并投资于浙江发行的绿色债券的绿色基金的利息税部分，可考虑适当予以减免。积极向央行争取，比照绿色金融债，探索将高等级非金融企业绿色债券纳入中期借贷便利（MLF）所涵盖的合格质押品范围。

三是提高政策激励强度。建议比照江苏、广东等地的最新政策，研究提高非金融企业绿色债券的补贴力度。提高对非金融企业绿色债券承销券商的激励，比如对其宏观审慎评估（MPA）的考核予以更高权重，提升券商承销绿色债券的积极性。

（本报告由浙江大学金融研究院提供）

附录一　2018年度浙江省促进金融业发展的政策汇编

中国人民银行杭州中心支行　浙江省农业和农村工作办公室关于金融服务乡村振兴的指导意见

为贯彻落实《中共中央国务院关于实施乡村振兴战略的意见》（中发〔2018〕1号）和浙江省委、省政府《全面实施乡村振兴战略高水平推进农业农村现代化行动计划（2018—2022年）》（浙委发〔2018〕16号）精神，建立健全农村金融服务体系，统筹优化金融资源，高质量推动金融服务乡村全面振兴，高水平推进农业农村现代化，现提出如下意见。

一、充分认识重要意义，切实加大乡村振兴金融资源投入

（一）深刻把握乡村振兴金融服务总体要求

实施乡村振兴战略是新时代做好"三农"工作的总抓手。金融服务乡村振兴，既是金融服务实体经济的重要体现，也是深化农村金融改革的关键环节，更是中国特色社会主义新时代赋予金融系统的责任和使命。各农村金融机构要回归本源，其他金融机构要积极投入，紧密围绕"产业兴旺、生态宜居、乡风文明、治理有效、生活富裕"总要求，完善农村金融市场、金融机构、金融产品体系，把农村金融服务的重心转移到乡村振兴上来，把更多金融资源配置到农村经济社会发展的重点领域和薄弱环节，更好满足乡村振兴多样化金融需求，大力推动产业振业、生态振兴、人才振兴、文化振兴、组织振兴，高水平助推我省农业农村现代化。

（二）优化乡村振兴金融服务体系

各金融机构要立足自身特点，发挥差异化竞争优势，构建优势互补、错位发展、良性竞争、适合农业农村特点的农村金融服务体系，为乡村振兴提供多层次、广覆盖、可持续的金融支持。政策性、开发性金融机构要重点支持农田水利、棚户区改造、新型城镇化等农村基础设施建设。农业银行、邮储银行要加大经营资源向县域支行倾斜配置力度，深化三农事业部改革，做实信贷支农专营机制。农村合作金融机构要坚持支农定位不动摇，保持县域法人地位稳定，充分发挥金融支农主力军作用。国有、股份制等商业银行要建立健全“普惠金融事业部”等组织机制，下沉服务重心，增设服务网点，依托自身优势服务乡村振兴细分领域。

（三）加大乡村振兴领域信贷投放

力争2018—2022年，全省涉农贷款新增12000亿元，农户贷款新增6000亿元，并不断优化贷款结构。各金融机构要合理调配信贷资源，强化差异化绩效考核、尽职免责等内部激励机制，采取有效手段加大乡村振兴信贷投入。涉农金融机构要单列支农信贷计划，适当放宽涉农贷款不良率容忍度，优先保障全省乡村振兴重点领域和关键环节的信贷需求，确保机构涉农贷款增速高于各项贷款平均增速，农户贷款增速高于涉农贷款增速，涉农贷款占各项贷款的比重不下降。

（四）拓宽乡村振兴直接融资渠道

加大企业债务融资工具在农村地区的宣传推广力度，支持符合条件的优质农业企业、农村项目在银行间市场发行涉农债务融资工具，力争全省农村地区债务融资工具发行规模有明显突破。支持法人金融机构发行“三农”、绿色、小微、双创专项金融债，充分利用全国金融市场资金，拓宽金融服务乡村振兴资金来源。积极推动法人金融机构开展涉农、小微企业信贷资产证券化，盘活信贷资产支持乡村振兴。

二、全面提升现代农业金融服务水平，助力乡村产业兴旺

（五）深化农村承包土地经营权抵押贷款试点

结合农村承包土地“三权分置”制度，深入推进全省农村承包土地经营

权抵押贷款试点,促进多种形式的农业适度规模经营。优化抵押贷款投向,优先支持高效生态农业、循环农业、特色农业、数字农业、智慧农业发展。完善农地经营权评估流转体系,积极培育评估中介机构和流转市场。创新抵押贷款模式,鼓励农地经营权与地上附着物一并抵押,提高贷款额度。鼓励农户与经营主体签订土地长期租赁合同,推广中长期农地经营权抵押贷款,满足现代农业长期大额的资金需求。试点地区2018年"两权"抵押贷款增量要高于上年同期水平,增速高于各项贷款平均增速,贷款户数和覆盖面显著高于上年。

(六)提升新型农业经营主体金融服务

服务万家新型农业主体提升工程,推行金融服务主办行制度,精准对接农业龙头企业、粮食生产大户、农民合作社、家庭农场、农业产业化联合体、社会化服务组织、农创客等金融需求。鼓励金融机构为家庭农场量身定制融资方案,家庭农场单户贷款额度最高可达1000万元,贷款期限最长可为10年。探索开展大型农机具抵押、农业生产设施抵押、存货抵押、大额订单质押等创新产品,满足各类新型农业经营主体多元化融资需求。对产业化程度高的新型农业主体,推广"产业化龙头企业+家庭农场"、"新型农业主体+农户"等供应链金融服务。

(七)加大对农民自主创业的金融支持

完善创业担保贷款政策,将农村自主创业农民纳入创业担保贷款支持范围,降低贷款申请条件,放宽担保和贴息要求,在不断提高风险评估能力基础上,逐步取消反担保要求。大力发展农村小额信用贷款,完善农户建档、评级和授信工作,健全农户授信评议和授信公示制度,提高农户信用贷款比重和覆盖面。密切跟踪乡村振兴中各类群体的创业需求,支持青年创客、巾帼创客、返乡农民工创业,支持科技人员、工商业主、高校毕业生、退役士兵等下乡创业创新。

三、拓展农村绿色金融业务,助力乡村生态宜居

(八)加大美丽乡村建设绿色信贷投入

深入践行"绿水青山就是金山银山"理念,积极推动绿色信贷业务向农

村地区延伸，全面提升农村人居环境质量。服务万个景区村庄创建工程，集中绿色信贷资源，重点加大对农村人居环境整治、小城镇环境综合整治、农村厕所改造、生活垃圾分类处理、生活污水治理等领域的信贷支持，推广“美丽乡村贷”“美好家园贷”等绿色信贷产品。推动林权抵押贷款增量扩面，探索公益林补偿收益权质押、林地流转经营权抵押贷款创新，充分运用绿色信贷工具支持林业资源保护和合理开发。湖州市、衢州市要推动绿色金融改革创新试点与乡村振兴战略深度结合，推动农村绿色金融先行先试。

（九）大力发展绿色债券融资

积极推动发行绿色债券，支持农村绿色产业、生态循环农业通过发债筹集中长期资金。完善绿色债券融资后续监督管理机制，强化发行人对募集资金使用的信息披露，加强对绿色债券募集资金使用的监管。支持涉农金融机构发行绿色金融债、绿色信贷资产证券化产品，募集资金专款专用于对农村绿色领域的支持。

（十）加强农村基础设施建设资金保障

各金融机构要加大对农村公路、供水、供气、环保、电网、物流、信息、广播电视等基础设施建设的信贷支持，加快推动农村基础设施提档升级。鼓励金融机构采取PPP、银团贷款等模式，拓宽农村基础设施融资渠道。探索收费权、特许经营权质押等担保创新业务，积极参与农村基础设施市场化运作。支持符合条件的项目主体发行中期票据、资产支持票据、项目收益票据等债务融资工具，用于农村基础设施建设。

四、加大农村文化领域金融支持，助力乡风文明建设

（十一）结合乡村文化特点推进文化金融业务

各金融机构要结合乡村文化产业园区、特色文化小镇、创意农业试点、农业文化发展示范基地等建设，推进文化金融业务向乡村延伸。服务万家农村文化礼堂引领工程，采取有效的融资方式，支持文化礼堂建设。探索无形资产、艺术品和收益权等抵质押贷款业务，支持农村题材影视、戏曲、歌曲、舞台剧等创作，全面繁荣农村文化。结合“最美浙江人”主题宣传实践活动，鼓励金融机构对孝老爱亲、重义守信的群体发放“贷款绿色通行证”。

(十二)提升农民金融素养

各金融机构要利用农村文化礼堂等平台,加强金融知识宣传、教育和普及,通过墙体广告、集中设摊、文艺演出等老百姓喜闻乐见的形式,提高农村金融消费者的金融素养和风险识别能力。推动金融政策和金融产品下乡进村,将金融政策、知识、产品、服务"送上门、送进家、送到手",帮助广大农民更好运用金融工具,分享金融改革发展成果。加强农村地区金融消费者权益保护,严厉打击金融欺诈、非法集资、制售假币等非法金融活动。

五、优化农村金融生态环境,助力乡村治理有效

(十三)助推发展壮大村级集体经济

各金融机构要围绕全省消除集体经济薄弱村三年行动计划,加强与村级集体经济组织的融资对接,支持村级集体经济依法开发集体土地、山林、水域等资源,推动美丽经济、物业经济和服务型经济发展。结合村经济合作社股份合作制改革,开发农村集体经济股权质押贷款等创新产品,帮助提高集体经济经营性收入,增强"造血"能力。鼓励金融机构结合自身业务发展和网点布局,组织金融人才下乡,选派优秀金融干部到乡镇和村集体经济组织挂职,深度参与乡镇、村经济建设和社会治理。

(十四)完善农村信用体系建设

围绕万村善治示范工程,持续深化农村信用体系建设,完善农户信用信息采集、更新机制,深入开展"信用户、信用村(社区)、信用乡(镇、街道)、信用县"创建。建立完善农户信用档案和信用创建成果转化机制,促进信用信息和信用创建成果在金融机构发掘优质客户、创新金融产品、管理信用风险等方面的应用。推广"整村批发、集中授信"等信贷支农新模式,加大支农惠农力度。加强信用知识宣传教育,引导农民重义守信,建立道德激励约束机制,持续改善农村信用环境。坚持促发展、惠民生与防风险并重的原则,根据农户、农业主体收入水平、还款能力和信用状况,合理提供信贷支持,防止出现多头授信、过度授信等现象。

(十五)打通农村金融服务"最后一公里"

加大农村金融基础设施建设力度,着力解决农村偏远地区金融服务不

平衡不充分的问题。深化银行卡助农服务，持续推进小额取款、代理缴费等业务的应用，实现农村基础金融服务“不出村”。推动银行卡助农服务转型升级，结合分类评级结果，加强服务点电子商务等综合功能建设。在农村地区推广网络支付、手机支付等新型支付方式，方便农民应用手机PAY、银联二维码等移动支付办理资金结算。推广农村数字普惠金融，合理运用互联网、大数据等信息技术，发展农村网络信贷、手机信贷等产品，实现小额贷款申请、审批、发放全流程网上操作，提升农村金融服务效率。

六、加强农村民生保障金融服务，助力农民生活富裕

（十六）推进农民住房财产权抵押贷款试点

服务万元农民收入新增工程，围绕农房抵押贷款试点与宅基地“三权分置”改革，创新农房抵押贷款产品和模式，加快补齐农民财产性收入短板。发挥农房使用权金融功能，加大对利用闲置农房发展精品民宿、农家乐、养生养老等新业态新产业的金融支持，盘活农民闲置资产。大力推广农房直接抵押和单一抵押模式，释放农房抵押担保权能。健全市场化处置机制，探索通过司法拍卖、协议转让等法律途径处置农房抵押物。

（十七）深入推进金融扶贫

各金融机构要服务低收入农户全面小康计划，精准确定、采集扶贫企业、扶贫项目、扶持对象信息，加大对带动低收入农户就业的企业和低收入农户自主创业的信贷支持，着力提高低收入农户收入水平、自我发展能力和生活质量，全面打赢低收入百姓增收攻坚战。各级人民银行要以淳安等26县为重点，充分运用扶贫再贷款，引导金融机构支持低收入农户扶贫搬迁、农房改造、民族文化等特色优势产业发展。推广“光伏贷”等适合低收入人群的扶贫金融产品，促进产业扶贫与金融精准扶贫有机结合。扎实开展金融扶贫领域作风问题专项治理工作，依法合规发放扶贫小额信贷，确保金融助推脱贫攻坚取得实效。

七、加强协调配合，强化金融服务乡村振兴的政策保障

（十八）加强货币政策工具定向支持

切实发挥货币政策工具结构性导向作用，加大对乡村振兴的定向支持。落实好普惠金融定向降准等相关优惠存款准备金率政策，增加涉农金融机构可贷资金。灵活运用再贷款、再贴现工具，支农再贷款优先满足乡村振兴重点领域资金需求，扶贫再贷款优先支持低收入农户和带动低收入农户就业的企业、农民合作社，优先对涉农企业签发、贴现的票据及涉农金融机构承兑、持有的票据办理再贴现。金融机构借用央行低成本资金发放的乡村振兴领域贷款，应实行优惠利率。

（十九）健全农业农村发展政策保障体系

加强金融政策与农业农村政策协调配合，对省级乡村振兴示范区，人民银行在再贷款、再贴现、金融债、宏观审慎评估等政策工具上重点给予倾斜。鼓励农村金融改革试点地区在金融服务乡村振兴上先试先行。加快推进农村集体产权确权颁证、价值评估、交易流转等配套制度建设，推动农业部门与金融部门信息共享。建立健全农业政策性担保体系，推进省级、市级政策性担保机构向县域延伸，引导有条件的村组建村级合作担保组织。稳妥推进、规范发展农村资金互助组织，落实监管主体和责任。推进农村保险市场建设，鼓励银行机构与保险机构加强合作，充分发挥保险风险分散功能。

（二十）加强政策实施效果评估考核

省内各级人民银行、农办要加强沟通合作，定期对金融机构服务乡村振兴的工作举措和效果开展评估考核，建立激励约束机制，督促金融机构扎实做好乡村振兴金融服务工作，确保政策落实落地。各金融机构服务乡村振兴的工作情况和成效，作为人民银行实施支农支小再贷款、宏观审慎评估、涉农信贷政策导向效果评估、金融机构综合评价的重要依据。各地要及时总结辖区金融服务乡村振兴的经验和做法，加强政策宣传推广，形成比学赶超氛围，不断提升乡村振兴金融服务水平。

各金融机构要根据本意见，抓紧制定本机构服务乡村振兴的实施细则，

细化目标任务和工作方案,于2018年5月31日前上报人民银行杭州中心支行,并抄送省农办。同时,每年1月20日前上报上一年度金融服务乡村振兴的工作情况报告。

中国人民银行杭州中心支行　浙江省经济和信息化厅关于金融支持浙江省小微企业园高质量发展的意见

杭银发〔2018〕157号

人民银行各市中心支行、杭州市辖各支行，各市经信委（局），各政策性银行浙江省分行，各国有商业银行浙江省分行，浙商银行，浙江省农村信用社联合社，交通银行浙江省分行，各股份制商业银行杭州分行，邮政储蓄银行浙江省分行，杭州银行，浙江网商银行，各城市商业银行杭州分行，杭州联合银行：

为贯彻人民银行等五部委《关于进一步深化小微企业金融服务的意见》（银发〔2018〕162号），落实省委、省政府《关于加快小微企业园高质量发展的实施意见》（浙委办发〔2018〕59号），加大对全省小微企业园高质量发展的金融支持，助推我省小微企业集聚发展创新发展，现提出如下意见：

一、加大对小微企业园区开发的信贷支持

（一）完善小微企业园开发贷款管理

对小微企业园开发贷款实施差异化授信政策，在符合信贷政策条件下，金融机构可按照重点工业项目或基础设施建设项目，对小微企业园开发贷款进行授信管理和准入。小微企业园开发贷款应专款专用、封闭运行，贷款资金不得用于购地，贷款额度、贷款期限根据项目开发实际资金需求以及项目现金流合理确定。各金融机构要针对政府主导开发、工业地产开发、龙头企业开发、企业联合开发、村集体经济联合开发等各类小微企业园开发模式，量身定制融资方案，满足小微企业园区开发建设的合理资金需求。

（二）支持入园企业运用按揭贷款购置厂房

支持金融机构向入园小微企业发放厂房按揭贷款，按揭贷款购买的厂房标的应为企业用于自身生产经营且已结顶的厂房。厂房按揭贷款首付款比例不低于20%，具体首付款比例、贷款期限、利率水平和还款方式由金融

机构根据厂房评估价值、企业经营情况、盈利能力、现金流等自主确定。鼓励金融机构对租赁厂房的入园企业给予流动资金贷款支持，贷款额度及发放频率应与租金实际支付金额及频率一致。

二、加强对小微企业园区的配套政策支持

（三）加强货币政策工具定向支持

全省每年安排支小再贷款、再贴现额度150亿元左右，全部用于支持小微企业融资，优先支持单户授信500万元及以下的小微企业。对金融机构服务小微企业园的资金需求，安排专项支小再贷款额度给予支持。入园企业信贷资产优先作为央行再贷款合格抵押品。对入园企业签发和收受的面额500万元及以下票据，开通再贴现绿色通道，优先给予再贴现支持。各金融机构对小微企业园区的信贷支持情况纳入央行宏观审慎评估（信贷政策执行）和小微企业信贷政策导向效果评估。

（四）加大政策性担保支持力度

发展面向小微企业园和入园企业的政策性融资担保业务。全省政策性担保公司要进一步明晰政策性定位，提高风险容忍度，加强专业队伍建设，积极发挥担保的杠杆作用，安排专项担保额度，用于支持入园小微企业，并适当降低担保费率和反担保要求。金融机构对政策性担保承担主要代偿风险的入园小微企业贷款，要适当放大担保倍数、提高授信额度并实行优惠利率。

三、创新入园小微企业金融服务产品

（五）加大科技金融服务力度

在小微企业园重点推广专利权、商标权质押贷款，盘活科技型小微企业无形资产。鼓励小微企业园引进创业投资、风险投资等专业机构，与金融机构合作探索投贷联动模式，支持高成长性小微企业融资。提高小微企业中长期项目贷款比例，支持入园企业开展技术改造升级。鼓励各地建立科技型小微企业“风险池”基金，构建风险共担机制，加大科技型小微企业园的信贷支持。

(六)积极推动园区供应链融资

各级人民银行与经信部门要加强合作,以小微企业园为重点载体,大力推动应收账款融资专项行动,扩大应收账款质押融资业务在小微企业园的覆盖面。充分发挥应收账款融资服务平台功能,引导供应链核心企业、政府采购人、商业银行与平台进行系统对接,鼓励各地对接入系统的核心企业给予接口开发补偿或奖励。鼓励金融机构依托核心企业,为上下游小微企业提供仓单质押、票据贴现、保理、信用证等供应链融资服务。

四、降低入园小微企业财务成本

(七)切实降低小微企业融资成本

金融机构使用支小再贷款资金发放的入园小微企业贷款利率,要明显低于一般企业贷款利率。各金融机构要积极推行小微企业贷款内部资金转移价格优惠措施,对小微企业园区的分支机构重点给予优惠。进一步推广年审制贷款、循环贷款、分期分段等还款方式创新,降低入园企业续贷成本。规范小微企业融资相关的担保(反担保)费、评估费、公证费等附加手续收费,降低企业综合融资成本。

(八)降低外贸型小微企业财务成本

持续深化外汇管理"最多跑一次"改革,加快推广窗口业务网上办理,对符合条件的企业,简化货物贸易单证审核、待核查账户管理、离岸转手买卖外汇收支管理、进口报关单信息核验等手续,提升园区外贸型小微企业贸易投资便利化程度。积极支持贸易新业态,为园区跨境电商、市场采购等新业态提供收结汇、售付汇、跨境人民币结算等便利措施。在小微企业园加大汇率避险产品的开发、宣传和推介力度,引导小微企业利用远期结售汇、人民币与外币掉期、外汇期权、利率互换、货币互换等衍生产品规避汇率风险。

五、提升小微企业园区金融服务质效

(九)合理设置授信审批权限

各金融机构要综合考虑小微企业园区产业类型、规模、绩效评价结果以及入园企业经营状况等因素,科学合理设置分支机构授信审批权限,对单户授信500万元及以下的小微企业，审批权限应尽量下放。优先在小微企业园所在的区域设立小微企业信贷专营机构，并在授信审批权限上给予差异化授权。积极推行线上审批、限时审批和派驻专职审批人制度，切实提高小微企业贷款审批效率。

（十）加强园区金融风险管理

各金融机构要加强小微企业园开发建设项目的贷前、贷中、贷后管理，建立资金监管专户，严格落实受托支付、专款专用要求，根据园区建设进度有序发放贷款资金，并跟踪贷款资金流向。加强对厂房按揭贷款主体的纳税、生产销售、物流、水电费等信息的真实性审核，根据小微企业经营、产能、订单等情况合理确定厂房按揭贷款额度，确保借款主体购买厂房用于企业自身生产经营，切实防止入园企业进行厂房投机炒作。

请省内各级人民银行会同当地经信部门速将本意见转发至辖区各相关单位及银行业金融机构，并做好贯彻落实工作。

中国人民银行杭州中心支行　浙江省经济和信息化厅

2018年11月2日

浙江省地方金融监督管理局关于印发浙江省深入推进普惠金融发展实施方案的通知

浙金管〔2018〕2号

各市人民政府，省级有关单位：

《浙江省深入推进普惠金融发展实施方案》已经省政府同意，现印发给你们，请认真贯彻执行。

浙江省地方金融监督管理局

2018年12月6日

浙江省深入推进普惠金融发展实施方案

普惠金融是指立足机会平等要求和商业可持续性原则，以可负担的成本为有金融服务需求的社会各阶层和群体提供适当、有效的金融服务。我省积极贯彻落实《国务院关于印发推进普惠金融发展规划（2016—2020年）的通知》（国发〔2015〕74号）的有关要求，着力推动金融包容性发展，各类金融机构及金融组织发展普惠金融的积极性不断提高，普惠金融产品和服务创新不断涌现，金融服务的可得性、便利性和公平性不断增强，有力地支持了全省经济社会健康稳定发展。为更好、更深入地推进我省普惠金融发展，结合已取得的经验成效，制订本方案。

一、总体要求

（一）指导思想

全面贯彻落实党的十九大和十九届二中全会、三中全会精神，坚持以习近平新时代中国特色社会主义思想为指导，以浙江“两个高水平”建设为引领，按照高质量发展要求，围绕金融服务的“不平衡、不充分”问题，完善协调机制，加强政策支持，丰富普惠金融服务主体，夯实普惠金融基础设施，有效防范金融风险，引导金融机构以服务实体经济为重心，有针对性地加强产品和服务创新，持续改善小微企业、"三农"、弱势群体和薄弱领域的金融服务，助推经济发展转型，促进社会公平和谐。

（二）主要目标

到2020年，建立与全面建成小康社会相适应、与人民群众日益增长的金融服务需求相匹配的普惠金融服务和保障体系，把更多金融资源配置到经济社会发展的薄弱环节。力争涉农贷款每年新增不低于2400亿元，农户贷款每年新增不低于1200亿元。法人银行业金融机构确保单户授信总额1000万元以下（含）小微企业贷款同比增速不低于各项贷款同比增速，有贷款余额的户数不低于上年同期水平；合理控制小微企业贷款资产质量水平和贷款综合成本水平。金融服务可得性、获得感、满意度较好，小微企业、农民、城镇低收入人群、贫困人群和残疾人、老年人等及时获取价格合理、便捷安全的金融服务，浙江普惠金融发展继续走在全国前列。

二、主要举措

（一）健全普惠金融服务机构体系

1. 鼓励政策性银行发展普惠金融业务。引导政策性银行在浙分支机构以批发资金转贷形式与其他银行业金融机构、各类合规发展的新型金融机构和组织开展合作，降低小微企业贷款成本。引导政策性银行在浙分支机构使用抵押补充贷款资金按照市场化原则，依法依规支持棚户区改造、公共住房租赁领域建设。鼓励农业发展银行浙江省分行服务农业供给侧改革，按照市场化原则，依法依规支持乡村振兴战略实施。鼓励进出口银行浙江省分行为企业提供进出口信贷服务。

2. 推动各商业银行提升普惠金融服务。积极支持国有商业银行、股份制商业银行、城市商业银行设立小微企业专营机构。推动大中型商业银行建立普惠金融事业部，推进配套政策落地。鼓励农业银行浙江省分行继续完善县级支行的"三农"金融事业部差别准备金考核机制，提高县级支行的创新活力和支农能力。引导农业银行浙江省分行加大"三农"信贷投放，推进“惠农通”渠道服务创新。引导邮政储蓄银行浙江省分行稳步发展小额涉农贷款业务,逐步扩大涉农业务范围。

3. 引导地方法人机构开展普惠金融服务。鼓励地方法人银行业金融机构,坚持差异化定位和特色化服务,进一步优化资源配置,发挥普惠金融主力军作用。引导村镇银行向下延伸网点。推动省农信联社深化改革、加快职能转换。推动农村中小金融机构结合各类专营支行、丰收驿站等功能性网点建设,形成一批智能化、轻型化的特色便民服务网点。

4. 探索和规范发展各类新型金融机构和组织。支持小额贷款公司和典当行拓宽融资渠道,加快小额贷款公司接入人行征信系统。支持金融租赁公司、融资租赁公司进一步发展厂商租赁等业务服务小微企业。支持消费金融公司和汽车金融公司开展消费信贷业务。支持符合条件的地区发起设立民营银行,开展更有针对性的金融服务。支持符合条件的企业集团设立财务公司,促进产业链金融发展。探索新型农村合作金融发展的有效途径,稳妥开展农民合作社、农合联内部资金互助试点,引导农信机构积极参与全省“三位一体”改革。推进农村保险互助业务试点。积极推广和规范农村互助担保组织建设。

5. 推进全省政策性融资担保体系建设。加快建立覆盖省、市、县(市、区)的政策性融资担保体系,发挥省担保集团有限公司的龙头骨干作用。健全全省农业信贷担保体系,发挥省农业信贷担保有限公司的模范带动作用。鼓励省农信联社与省农业信贷担保有限公司深化战略合作关系,先试先行推广特色银担产品。推动台州市、温州市等小微企业信用保证基金扩容升级。

6. 促进互联网金融规范有序发展和金融科技创新发展。按照有关法律法规,加强互联网金融监管,切实防范风险,规范网络金融产品销售活动,维护金融消费者合法权益。鼓励金融科技创新发展,推动大数据、云计算、区块链、人工智能等新技术在金融领域的应用,提高普惠金融服务水平。

(二)加强普惠金融产品和服务创新

7. 提升金融服务“三农”质效。鼓励涉农银行业金融机构运用大数据技术提升风险控制能力和服务效率,创新符合“三农”特质的专项信贷产品,提高新型农业经营主体的授信额度和农户小额信用贷款覆盖率。推广移动办贷服务模式，鼓励为农村客户提供开卡、资料采集、贷款申请等上门金融服务。扎实做好农民住房财产权和农村承包土地经营权抵押贷款试点工作，扩大贷款规模。探索开展村集体资产股权、大型农业机具、农业生产设施等抵(质)押担保贷款。支持符合条件的优质农业龙头企业在银行间债券市场、沪深证券交易所发行各类债券。

8. 提升小微企业金融服务质效。督促和引导银行业金融机构聚焦小微企业中的相对薄弱群体，积极引入新的风险缓释措施，扎实推进小微企业融资专项行动，探索开展知识产权、应收账款、机器设备等动产融资。鼓励银行业金融机构加强与税务、工商等部门合作，持续开展“银税互动”“银商合作”专项产品和服务创新。鼓励银行业积极应用大数据技术，提升客户挖掘、信息采集与分析能力，加大手机银行、网上银行等电子渠道建设，提高信贷服务便利度和风险防控能力。

9. 提高小微企业直接融资比重。推进新兴金融中心建设、钱塘江金融港湾建设、企业上市和并购重组“凤凰行动”计划实施，进一步深化区域金融改革，指导和推动更多符合条件的小微企业利用境内外资本市场、债券市场、场外市场等开展直接融资。大力发展包括私募股权、创投风投等在内的多层次股权投资体系，引导金融新业态支持科创型小微企业，形成良性互动。

10. 创新保险业务和服务方式。进一步完善农业保险协同推进机制，加大农业保险险种开发和创新力度，探索建立风险保障的动态调整机制，提高农业保险覆盖面和保障水平。进一步推动小额贷款保证保险、信用保险、科技保险及责任保险发展，引导保险行业更好地服务小微企业。完善政保合作机制，在公共安全和社会治理领域引入保险服务，发挥保险的风险管理和保障功能，为经济社会发展提供风险保障。

11. 创新针对弱势群体的金融服务。完善对残疾人、老年人等特殊群体的无障碍金融服务。推动农信机构深入挖掘低收入农户资金需求，积极发放扶贫小额信用贷款。鼓励银行业金融机构运用大数据技术提升风险控制能力和服务效率，提高外来务工人员、高校毕业生、创业农民、残疾人和低收入人群等信贷支持力度。

(三)夯实普惠金融基础设施

12. 健全普惠金融信用信息体系。继续加强全省各级公共信用信息平台建设,加快推进企业、自然人、社会组织等公共信用评价。支持浙江省农村信用体系建设,推进农民专业合作社、农业经营主体、农资和农产品生产经营主体等信用档案建设,完善农户信用信息采集,推进信用户、信用村(社区)、信用乡(镇、街道)、信用县创建工作,促进信用信息在金融机构之间实现共享,加大信用评定结果的应用力度,为全省普惠金融实施创造良好的信用环境。积极开展征信市场培育工作,引导市场化征信机构积极创新,为小微企业和农户开发专业的征信产品,提供多元化市场化征信服务。

13. 营造更加优异的农村金融发展环境。加强移动支付应用示范县、电子支付应用示范镇(村)、银行卡助农服务点、农信系统丰收驿站等建设,推进农村基础金融服务"村村通"工程,提高农村金融服务覆盖率。引导银行业金融机构和非银行支付机构面向农村地区大力发展网上支付、手机支付业务,推进手机近场支付、银联二维码等移动支付业务在县域小微商户、税费缴纳、医疗社保等便民领域的应用,提高农村地区移动支付水平。

14. 建立健全普惠金融统计体系。在国家普惠金融指标体系基础上,探索建立市、县(市、区)一级的特色普惠金融指标体系,定期统计分析和反映各地区、各机构普惠金融发展状况。建立健全普惠金融统计的部门协同机制,扎实做好普惠金融专项调查和统计工作,加强相关统计数据的分析和应用,发挥对区域和机构的评估考核作用。

(四)强化政策支持和风险防控

15. 加强货币政策引导。按照有关政策规定执行差别化的存款准备金率,激励金融机构加大普惠金融领域支持力度。发挥支农支小再贷款、再贴现的结构性导向作用,引导金融机构扩大涉农、小微企业信贷投放。鼓励银行业金融机构发行小微、"三农"、绿色和双创等专项金融债券,拓宽资金来源。

16. 实施差异化监管政策。推动银行业金融机构进一步落实小微和"三农"信贷尽职免责制度。将小微金融服务成效与业务准入、机构准入、年度评级等挂钩,引导信贷资源向薄弱群体和环节倾斜。

17. 强化财税政策支持。发挥财政资金引导金融资源配置的杠杆作用,推动贷款贴息、担保补助、风险补偿、保险补助等政策措施与普惠金融产品和服务的有效对接,推动各类金融机构加强普惠金融服务。积极落实国家有关税收优惠政策,结合"最多跑一次"改革,优化减免税备案工作流程,支持和促进普惠金融发展。

18. 积极开展制度建设。在国家法律法规和政策范围内,积极开展土地经营权、宅基地使用权及房屋所有权、技术专利权、设备财产使用权和场地使用权的确权、登记、颁证、流转等方面的制度建设。

19. 加强金融风险防控。加强金融监管协调机制建设,落实金融管理部门的职责分工和风险处置责任。加快建设金融风险"天罗地网"监测防控系统,着力完善安全防线和风险监测预警机制。推动民间融资阳光化、规范有序发展,严厉打击非法集资、非法证券等违法违规金融活动。

(五)加强普惠金融教育与金融消费者权益保护

20. 加强金融知识宣传教育。组织开展各类金融知识普及活动,广泛利用各类媒体持续宣传普惠金融和普及金融基础知识。督促金融机构将金融知识宣传教育纳入日常经营活动之中。支持有条件的地区在中小学校开展金融知识普及教育,鼓励有条件的高校开设金融基础知识公共选修课。

21. 提高公众风险防范意识。以金融创新业务为重点,针对金融案件高发领域,开展金融风险宣传教育,促进公众强化风险防范意识,树立"收益共享,风险自担"观念。重点加强与金融消费者权益有关的信息披露和风险提示,引导金融消费者根据自身风险承受能力和金融产品风险特征理性投资与消费。

22. 加大金融消费者权益保护力度。加强重点领域监管,查处违法违规侵害消费者权益的行为,落实金融机构纠纷处理主体责任。畅通投诉渠道,妥善处理和化解金融消费纠纷,巩固和提升第三方调解机制运行成效,充分发挥第三方调解组织化解金融服务矛盾纠纷的作用。

三、组织保障和推进实施

(一)加强组织领导

23. 建立推进普惠金融发展工作协调机制。省金融监管局、人行杭州中心支行、浙江银保监局等备组牵头,省级有关单位参加,建立推进普惠金融发展工作协调机制,协调解决重大问题,推进实施方案和相关政策落实,切实防范金融风险。各地市参照省的做法,结合本地实际制定实施方案并抓好贯彻落实。各牵头单位每年1月底前向省金融监管局报送本单位牵头事项的上一年度贯彻落实情况,省金融监管局汇总形成总体报告并上报省政府,并及时将实施过程中出现的新情况、新问题报送银保监会、人民银行总行等有关部门。

(二)加强试点示范

24. 深化改革试点和实施专项工程。支持宁波市创建国家级数字普惠金融创新示范区,支持温州金融综合改革试验区、台州小微企业金融服务改革创新试验区、宁波保险创新综合试验区、丽水农村金融改革试点、湖州市衢州市绿色金融改革创新试验区等区域金融改革探索普惠金融新路径,及时总结可复制可推广经验。推进金融标准创新建设试点工作,提升金融业标准化推广应用水平。引导金融机构加强与地方政府、基层组织合作,探索合作发展普惠金融的有效模式。积极引导金融机构推进金融知识扫盲工程、扶贫信贷工程、大学生助学贷款工程等专项工程,加大金融资源向薄弱领域和环节的倾斜力度。

(三)加强督查落实

25.加大对金融机构开展普惠金融服务的政策引领和考核督导力度。通过非现场监测、现场检查、走访等跟进金融机构普惠金融工作情况,及时发现问题并督导改善。

附录二　2018年度浙江省主要经济金融指标

表1　2018年浙江省主要存贷款指标

		1月	2月	3月	4月	5月	6月	7月	8月	9月	10月	11月	12月
本外币	金融机构各项存款余额/亿元	110687.9	109411.2	110357.5	110616.1	111182.8	112895.5	112717.4	113958.1	115308.5	115565.1	117015.2	116512.7
	其中:住户存款	41673.4	43428.6	43541.6	42445.3	42804.3	43873.5	43711.8	44038.1	45202.5	45069.1	45786.1	46457.8
	非金融企业存款	38704.8	36338.0	37673.6	38091.7	37977.8	38872.5	38256.9	38592.2	38726.9	38691.4	39417.5	39479.7
	各项存款余额比上月增加/亿元	3367.4	−1276.7	946.3	258.7	566.6	1712.7	−178.0	1240.6	1350.4	256.6	1450.2	−502.5
	金融机构各项存款同比增长/%	10.8	8.0	7.4	7.5	8.2	8.8	8.5	8.7	8.9	8.8	9.6	8.6
	金融机构各项贷款余额/亿元	92181.3	93171.9	93986.6	95054.1	96073.4	97835.3	99262.6	100800.6	102427.6	103649.8	105029.1	105774.9
	其中:短期	39649.1	39890.4	40062.3	40415.6	40694.9	41290.8	41433.2	41538.3	42067.7	42578.0	43016.7	43658.5
	中长期	48878.5	49616.3	50304.5	51037.7	51724.3	52694.7	53748.7	54890.8	55731.0	56283.8	56762.6	56857.8
	票据融资	1899.7	1893.7	1881.4	1803.0	1841.0	1994.0	2202.7	2472.0	2663.0	2793.5	3206.3	3270.8
	各项贷款余额比上月增加/亿元	1907.0	990.6	814.7	1067.5	1019.2	1761.9	1427.3	1538.0	1627.0	1222.2	1379.3	745.8

续表

		1月	2月	3月	4月	5月	6月	7月	8月	9月	10月	11月	12月
本外币	其中:短期	663.7	241.3	171.9	353.3	279.3	596.0	142.4	105.1	529.4	510.3	438.7	641.8
	中长期	1450.7	737.8	688.2	733.3	686.5	970.4	1054.0	1142.1	840.2	552.8	478.8	95.2
	票据融资	−199.3	−6.0	−12.3	−78.4	37.9	153.0	208.7	269.3	191.0	130.5	412.8	64.5
	金融机构各项贷款同比增长/%	11.2	11.0	11.6	11.8	12.0	13.1	14.1	15.1	15.9	16.6	17.3	17.2
	其中:短期	2.4	2.5	2.8	4.0	4.4	5.2	6.1	6.5	8.1	9.7	10.7	12.2
	中长期	25.4	25.3	24.0	22.5	22.1	22.3	22.2	22.6	22.3	21.7	20.9	19.8
	票据融资	−47.2	−45.1	−39.0	−37.1	−33.3	−20.5	−3.1	15.9	22.9	32.1	59.4	55.6
	建筑业贷款余额/亿元	2962.3	2993.0	2982.9	3018.8	3013.4	3001.1	3019.9	3031.5	3070.2	3059.6	3053.0	3019.6
	房地产业贷款余额/亿元	3802.7	3944.5	4094.7	4235.5	4360.4	4565.8	4678.0	4735.0	4841.8	4902.9	5053.1	5116.6
	建筑业贷款同比增长/%	5.1	5.5	4.9	6.0	4.9	4.4	3.8	2.9	3.9	3.7	3.5	4.5
	房地产业贷款同比增长/%	18.1	18.8	24.1	26.4	29.7	35.3	37.4	36.0	36.9	36.5	38.4	39.7
人民币	金融机构各项存款余额/亿元	107282.9	106028.0	107052.1	107541.3	108175.6	109871.3	109716.0	110995.8	112409.2	112738.2	114214.2	113727.5
	其中:住户存款	41074.0	42813.0	42926.2	41831.0	42184.8	43228.8	43076.0	43400.4	44563.8	44408.1	45139.9	45812.2
	非金融企业存款	36260.6	33953.1	35373.3	36002.8	35980.8	36868.0	36279.9	36627.3	36821.4	36856.4	37586.9	37672.4
	各项存款余额比上月增加/亿元	3282.4	−1254.9	1024.0	489.2	634.3	1695.7	−155.4	1279.9	1413.4	329.0	1476.0	−486.7
	其中:住户存款	877.5	1739.0	113.1	−1095.2	353.8	1044.0	−152.8	324.4	1163.4	−155.7	731.8	672.2
	非金融企业存款	1361.4	−2307.5	1420.2	629.5	−22.0	887.2	−588.1	347.4	194.1	35.0	730.5	85.5
	各项存款同比增长/%	10.6	7.9	7.5	7.8	8.7	9.3	9.0	9.3	9.5	9.4	10.3	9.4

续表

		1月	2月	3月	4月	5月	6月	7月	8月	9月	10月	11月	12月
人民币	其中：住户存款	−0.1	6.3	6.3	5.5	6.4	7.2	9.0	9.5	10.3	11.8	13.3	14.0
	非金融企业存款	19.8	8.7	9.8	11.3	11.1	11.8	12.2	12.3	10.3	9.7	9.6	7.9
	金融机构各项贷款余额/亿元	90519.0	91445.0	92314.8	93353.4	94334.2	96021.6	97430.8	98986.4	100612.4	101888.0	103366.0	104099.8
	其中：个人消费贷款	23350.1	23603.7	24079.5	24546.5	25038.9	25704.1	26265.0	26845.9	27604.5	28412.3	28984.7	29411.8
	票据融资	1899.7	1893.7	1881.4	1803.0	1841.0	1994.0	2202.7	2472.0	2663.0	2793.5	3206.3	3270.8
	各项贷款余额比上月增加/亿元	1904.1	926.0	869.8	1038.6	980.8	1687.4	1409.2	1555.6	1626.1	1275.6	1478.0	733.8
	其中：个人消费贷款	610.5	253.6	475.8	467.0	492.4	665.2	560.9	581.0	758.6	807.8	572.4	427.1
	票据融资	−199.3	−6.0	−12.3	−78.4	37.9	153.0	208.7	269.3	191.0	130.5	412.8	64.5
	金融机构各项贷款同比增长/%	11.6	11.4	12.1	12.2	12.4	13.3	14.2	15.1	15.9	16.7	17.4	17.5
	其中：个人消费贷款	28.2	27.7	27.2	26.9	26.7	26.2	26.4	26.5	27.2	28.9	30.0	29.4
	票据融资	−47.2	−45.1	−39.0	−37.1	−33.3	−20.5	−3.1	15.9	22.9	32.1	59.4	55.6
外币	金融机构外币存款余额/亿美元	537.6	534.5	525.7	485.1	468.8	457.1	440.3	434.1	421.5	405.9	403.9	405.8
	金融机构外币存款同比增长/%	26.1	19.1	14.8	7.1	−0.6	−4.8	−10.3	−12.8	−13.2	−16.4	−16.7	−20.1
	金融机构外币贷款余额/亿美元	262.4	272.8	265.9	268.3	271.1	274.1	268.7	265.8	263.9	253.0	239.8	244.1
	金融机构外币贷款同比增长/%	−0.9	1.2	−1.6	0.8	2.1	4.9	7.3	11.4	11.5	7.9	2.9	−2.0

数据来源：中国人民银行杭州中心支行。

表2 2001—2018年浙江省各类价格指数

单位:%

时间	居民消费价格指数		农业生产资料价格指数		工业生产者购进价格指数		工业生产者出厂价格指数	
	当月同比	累计同比	当月同比	累计同比	当月同比	累计同比	当月同比	累计同比
2001年	—	−0.2	—	−0.3	—	−0.4	—	−1.7
2002年	—	−0.9	—	−0.5	—	−2.5	—	−3.1
2003年	—	1.9	—	2.9	—	5.8	—	0.6
2004年	—	3.9	—	3.2	—	13.4	—	5.0
2005年	—	1.3	—	5.8	—	5.4	—	2.3
2006年	—	1.1	—	−0.4	—	5.6	—	3.8
2007年	—	4.2	—	7.3	—	5.3	—	2.4
2008年	—	5.0	—	18.9	—	10.6	—	4.3
2009年	—	−1.5	—	−4.1	—	−7.4	—	−5.1
2010年	—	3.8	—	3.0	—	12.0	—	6.2
2011年	—	5.4	—	10.8	—	8.3	—	5.0
2012年	—	2.2	—	4.2	—	−3.3	—	−2.7
2013年	—	2.3	—	2.8	—	−2.3	—	−1.8
2014年	—	2.1	—	−0.9	—	−1.8	—	−1.2
2015年	—	1.4	—	0.9	—	−5.5	—	−3.6
2016年	—	1.9	—	−0.5	—	−2.2	—	−1.7

续表

时间		居民消费价格指数		农业生产资料价格指数		工业生产者购进价格指数		工业生产者出厂价格指数	
		当月同比	累计同比	当月同比	累计同比	当月同比	累计同比	当月同比	累计同比
2017年		—	2.1	—	1.8	—	9.6	—	4.8
2018年		—	2.3	—	1.8	—	5.1	—	3.4
2017年	1月	2.8	2.8	2.2	2.2	9.8	9.8	4.3	4.3
	2月	1.3	2.1	—	2.3	11.5	10.6	5.1	4.7
	3月	1.6	1.9	2.9	2.5	11.7	11.0	5.0	4.8
	4月	1.9	1.9	2.9	2.6	10.2	10.8	4.1	4.6
	5月	2.4	2.0	2.5	2.6	9.1	10.5	3.7	4.4
	6月	2.2	2.0	1.4	2.4	8.4	10.1	4.0	4.4
	7月	2.1	2.0	1.0	2.2	8.1	9.8	4.1	4.3
	8月	2.2	2.1	1.0	2.0	8.9	9.7	4.8	4.4
	9月	2.0	2.1	0.7	1.9	10.0	9.7	5.6	4.5
	10月	2.4	2.1	1.1	1.8	10.4	9.8	6.1	4.7
	11月	2.2	2.1	1.5	1.8	9.3	9.8	5.7	4.8
	12月	2.4	2.1	1.6	1.8	7.7	9.6	4.6	4.8
2018年	1月	1.7	1.7	1.8	1.8	6.7	6.7	4.1	4.1
	2月	3.3	2.5	1.5	1.6	5.6	6.2	3.5	3.8

续表

时间	居民消费价格指数		农业生产资料价格指数		工业生产者购进价格指数		工业生产者出厂价格指数	
	当月同比	累计同比	当月同比	累计同比	当月同比	累计同比	当月同比	累计同比
3月	2.3	2.4	1.2	1.5	4.6	5.6	3.0	3.5
4月	2.2	2.4	1.2	1.4	4.6	5.4	3.4	3.5
5月	1.8	2.3	1.1	1.4	5.6	5.4	4.3	3.7
6月	2.0	2.2	1.6	1.4	6.6	5.6	4.7	3.8
7月	2.0	2.2	1.6	1.4	6.7	5.8	4.4	3.9
8月	2.2	2.2	1.8	1.5	6.1	5.8	4.1	3.9
9月	2.9	2.3	2.3	1.6	5.3	5.7	3.7	3.9
10月	2.8	2.3	3.3	1.7	4.6	5.6	3.0	3.8
11月	2.2	2.3	2.5	1.8	3.4	5.4	2.2	3.7
12月	2.0	2.3	1.7	1.8	1.2	5.1	0.9	3.4

数据来源:《中国经济景气月报》、浙江省统计局。

表3　2018年浙江省主要经济指标

	1月	2月	3月	4月	5月	6月	7月	8月	9月	10月	11月	12月
	绝对值（自年初累计）											
地区生产总值/亿元	—	—	11691.5	—	—	25674.3	—	—	39795.6	—	—	56197.2
第一产业	—	—	303.4	—	—	804.9	—	—	1233.0	—	—	1967.0
第二产业	—	—	4837.5	—	—	10952.9	—	—	16923.1	—	—	23505.9
第三产业	—	—	6550.6	—	—	13916.5	—	—	21639.5	—	—	30724.3
工业增加值/亿元	—	—	—	—	—	—	—	—	—	—	—	—
固定资产投资/亿元	—	—	—	—	—	—	—	—	—	—	—	—
房地产开发投资	—	1010.5	1899.5	2664.7	3569.4	4795.0	5610.4	6462.6	7455.0	8325.6	9271.7	9944.9
社会消费品零售总额/亿元		3872.4	5723.2	7540.0	9537.0	11586.0	13614.9	15703.9	17820.4	20207.4	22595.0	25007.9
外贸进出口总额/亿元	2383.3	4563.9	6211.3	8389.8	10879.6	13330.0	15786.4	18412.0	21103.5	23512.5	26084.4	28519.2
进口	602.7	1062.2	1686.4	2258.4	2909.5	3490.0	4113.2	4764.5	5446.5	6097.0	6756.0	7337.2
出口	1780.6	3501.7	4524.8	6131.4	7970.1	9839.9	11673.2	13647.4	15657.0	17415.6	19328.4	21182.1
进出口差额（出口–进口）	1177.9	2439.5	2838.4	3873.0	5060.6	6349.9	7560.1	8882.9	10210.4	11318.6	12572.4	13844.9
实际利用外资/亿美元	—	25.9	49.2	58.6	72.4	100.3	105.0	116.3	133.5	150.9	165.4	186.4
地方财政收支差额/亿元	328	79	–65	41	25	–466	–354	–443	–833	–853	–1234	–2030
地方财政收入	880	1392	1970	2624	3212	3928	4561	5008	5505	5908	6193	6598
地方财政支出	552	1314	2035	2583	3187	4395	4915	5451	6338	6760	7427	8628

续表

	1月	2月	3月	4月	5月	6月	7月	8月	9月	10月	11月	12月
城镇登记失业率(季度)/%	—	—	2.8	—	—	2.6	—	—	2.6	—	—	2.6
	同比累计增长率/%											
地区生产总值	—	—	7.4	—	—	7.6	—	—	7.5	—	—	7.1
第一产业	—	—	1.4	—	—	1.5	—	—	1.8	—	—	1.9
第二产业	—	—	6.9	—	—	7.4	—	—	7.2	—	—	6.7
第三产业	—	—	8.1	—	—	8.1	—	—	8.0	—	—	7.8
工业增加值	—	9.8	7.6	8.7	8.6	8.2	8.0	8.0	8.0	7.8	7.6	7.3
固定资产投资	—	4.1	4.9	5.4	5.8	5.7	6.2	6.7	6.9	7.1	7.1	7.1
房地产开发投资	—	17.2	19.4	20.5	22.0	24.2	24.5	24.3	23.4	22.5	22.5	20.9
社会消费品零售总额	—	11.5	11.0	10.9	10.4	10.1	9.9	9.7	9.7	7.5	9.1	9.0
外贸进出口总额	9.0	28.8	10.9	10.1	9.0	8.9	9.3	10.2	12.5	13.1	12.7	11.4
进口	33.6	15.1	15.3	15.8	18.3	18.0	20.1	21.2	21.4	22.1	21.1	19.0
出口	2.7	33.6	9.3	8.1	5.9	6.0	6.0	6.9	9.7	10.2	10.0	9.0
实际利用外资	—	11.2	4.6	7.1	3.6	2.2	4.3	5.6	8.0	14.5	4.6	4.1
地方财政收入	13.5	13.8	13.8	13.6	13.5	13.3	13.2	13.1	13.1	12.8	12.7	11.1
地方财政支出	−18.3	23.9	20.0	17.9	17.2	16.7	13.9	14.3	15.1	15.3	14.6	14.6

数据来源:浙江省统计局。

图书在版编目（CIP）数据

浙江金融发展报告：蓝皮书. 2019 / 汪炜，章华主编；浙江省金融业发展促进会，浙江大学金融研究院，浙江省金融研究院编. -- 杭州：浙江大学出版社，2019.10

（浙江金融发展报告系列丛书 / 陈国平，丁敏哲，史晋川主编）

ISBN 978-7-308-19623-9

Ⅰ.①浙… Ⅱ.①汪… ②章… ③浙… ④浙… ⑤浙… Ⅲ.①地方金融事业－经济发展－研究报告－浙江－2019 Ⅳ.①F832.755

中国版本图书馆CIP数据核字(2019)第215453号

浙江金融发展报告——蓝皮书（2019）

浙江省金融业发展促进会
浙江大学金融研究院　　编
浙江省金融研究院
汪　炜　章　华　主编

责任编辑　陈佩钰
责任校对　严　莹
封面设计　续设计
排　　版　杭州兴邦电子印务有限公司
出版发行　浙江大学出版社
（杭州市天目山路148号　邮政编码310007）
（网址：http://www.zjupress.com）
印　　刷　杭州钱江彩色印务有限公司
开　　本　787mm×1092mm　1/16
印　　张　12.5
字　　数　192千
版 印 次　2019年10月第1版　2019年10月第1次印刷
书　　号　ISBN 978-7-308-19623-9
定　　价　58.00元